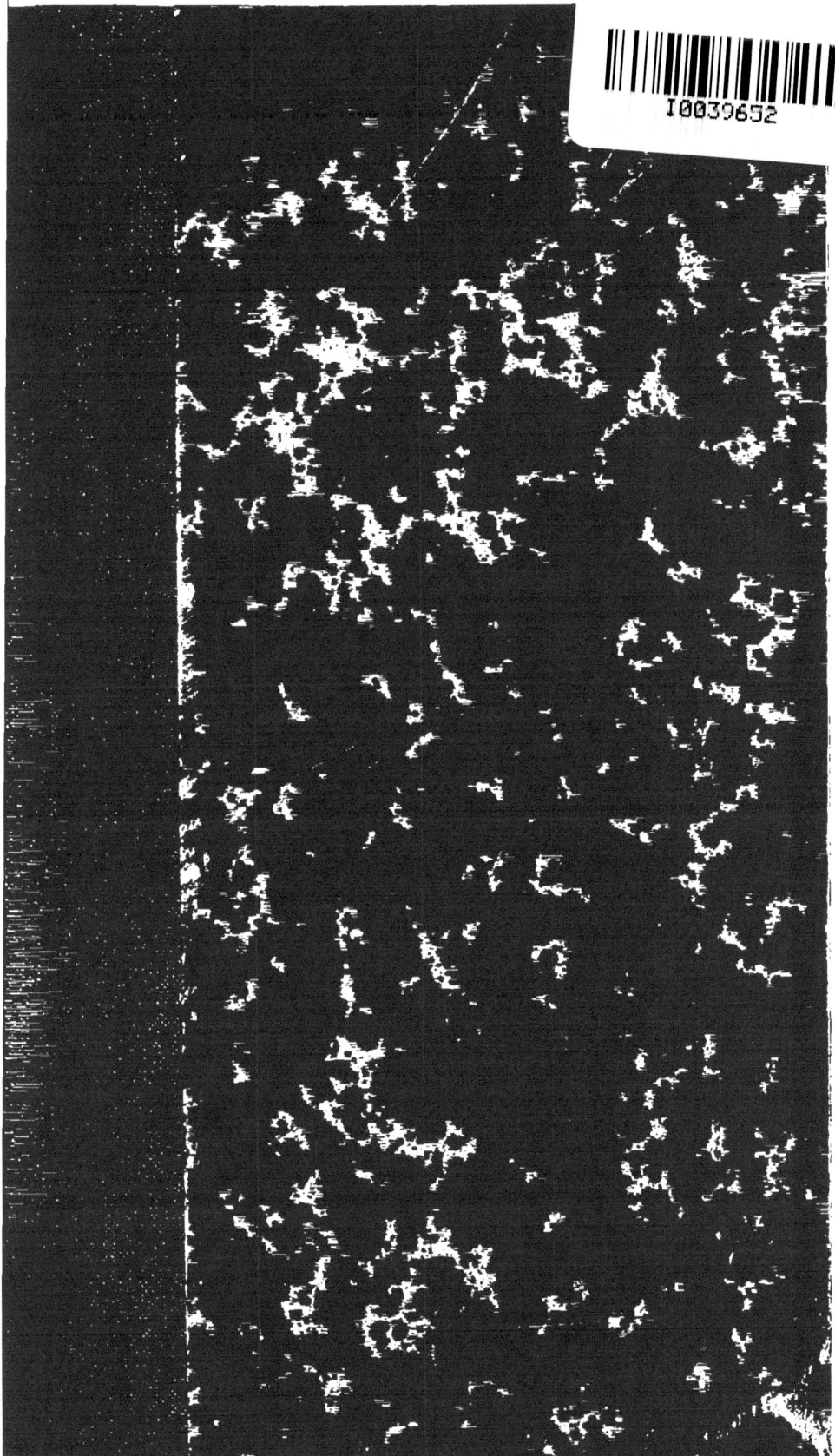

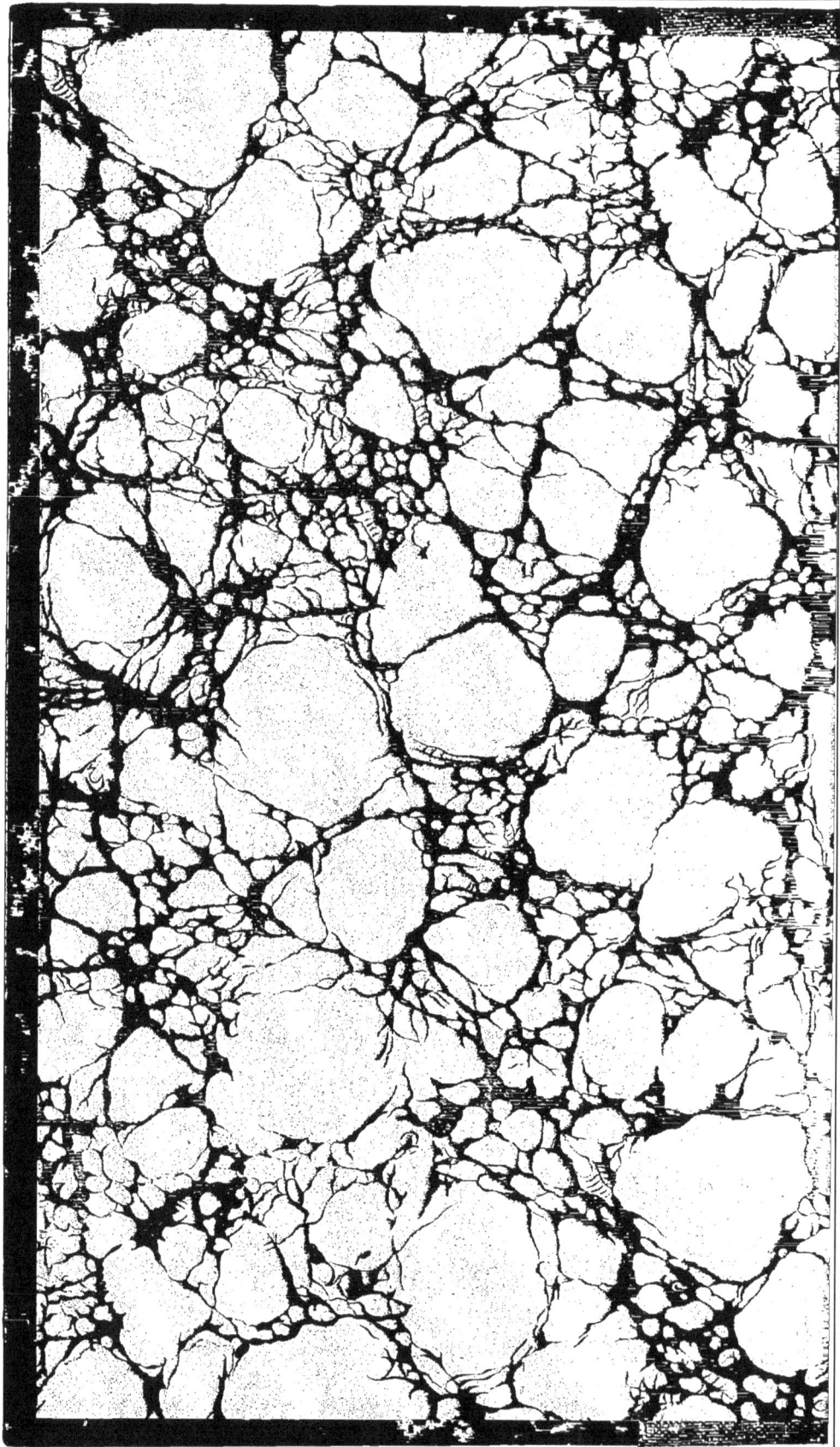

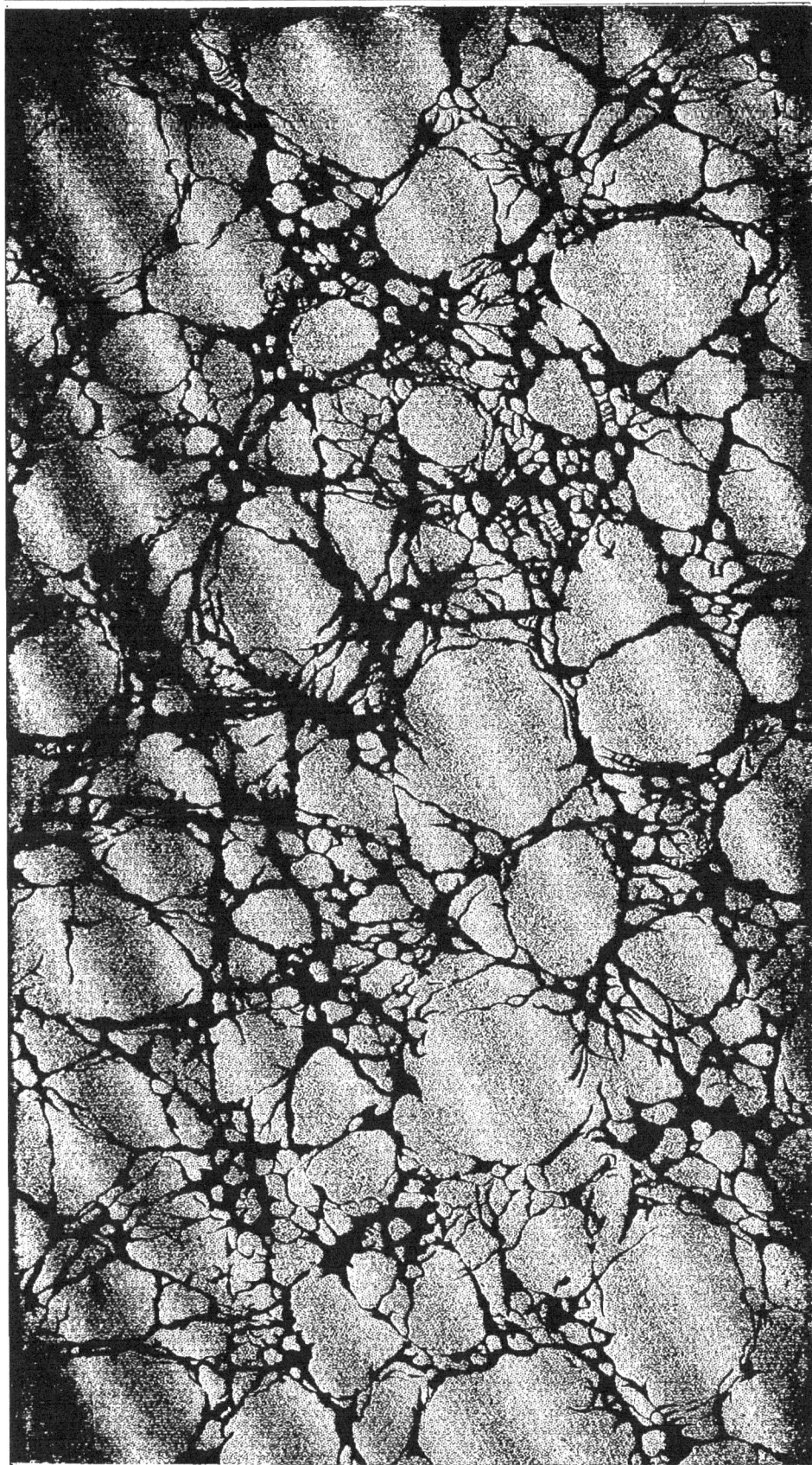

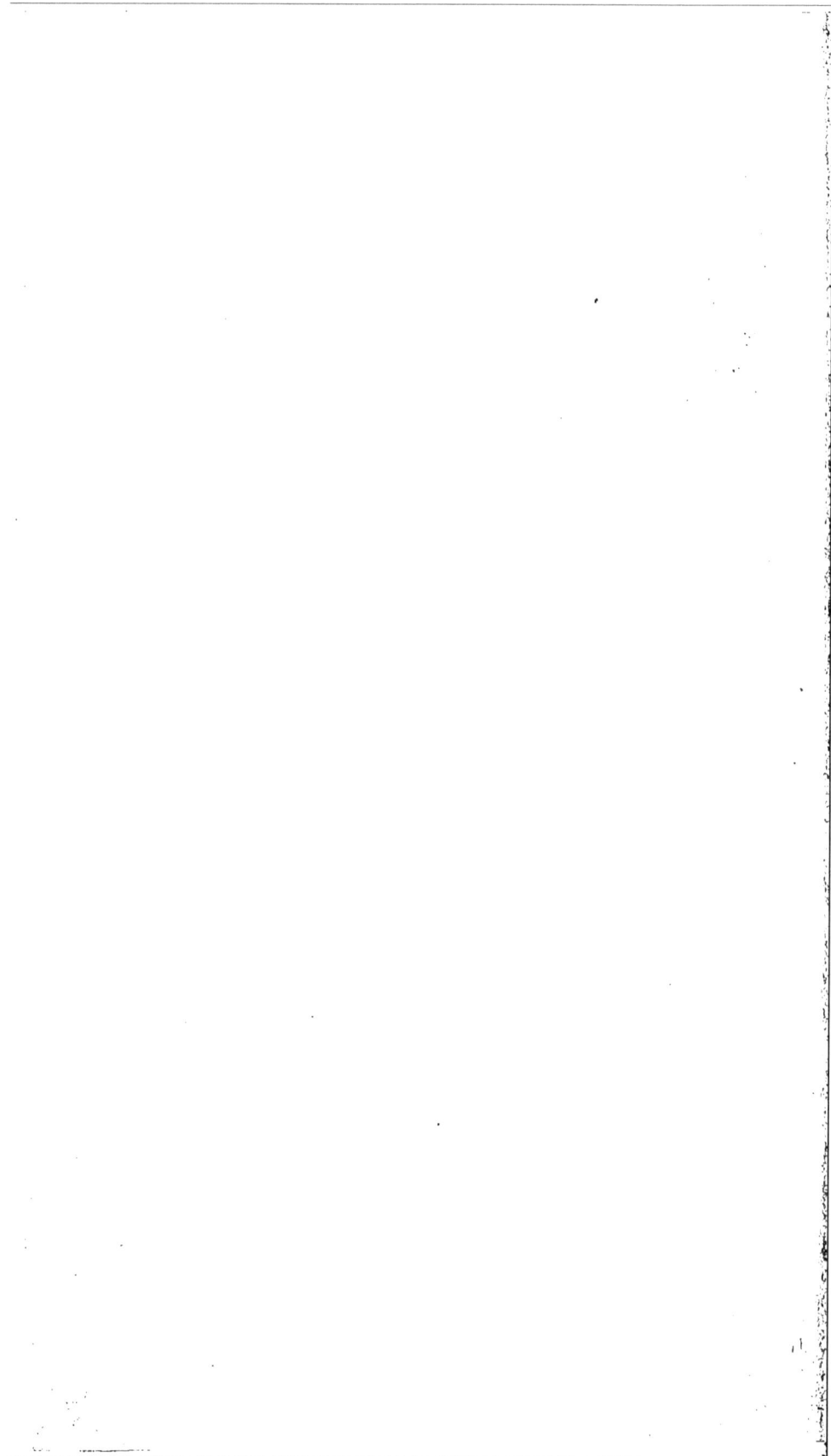

À nos Camarades morts pour la Patrie.

LA

GARDE MOBILE

DE LA

Haute-Vienne

Par le Comte DE COURONNEL

Ancien Capitaine de la 8e Comp. du 1er Bat. du 71e Mobiles
Chevalier de la Légion d'honneur
Membre du Conseil général de la Haute-Vienne

Prix : **2** Francs (au bénéfice de la Souscription)

LIMOGES

IMPRIMERIE DU « COURRIER DU CENTRE », 18, RUE TURGOT, 18

=

1897

LA GARDE MOBILE

DE LA

Haute-Vienne

AUX CAMARADES CONNUS OU INCONNUS

Morts pour la Patrie

~~~~~~~

Notre intention est surtout de réunir les noms de tous les Enfants de la Haute-Vienne morts pendant la guerre de 1870-71, afin de les inscrire sur le monument élevé à leur mémoire. Nous croyons, malheureusement même nous sommes sûrs, que cette liste funèbre restera incomplète.

Pour tous, connus ou inconnus, nous rappellerons ce qu'a dit l'auteur du Souvenir consacré aux anciens élèves du lycée de Limoges : « Qu'ils reçoi-
» vent, dans un monde où Dieu récompense le
» dévouement des âmes viriles et le patriotisme mal-
» heureux, l'hommage de ceux qui leur survivent. »

Le Comité du Monument à élever aux Enfants de la Haute-Vienne morts pour la Patrie en 1870-71 m'ayant fait l'honneur de me désigner pour rappeler leur mémoire, je me suis mis au travail.

Mes souvenirs personnels sont forcément bornés à la Garde Mobile. Cependant, si la jeunesse de notre département réunie en corps particulier, mérite une mention des plus importantes, il y a d'autres dévouements qu'il serait injuste d'oublier.

La Haute-Vienne a eu des Francs-Tireurs qui ont su faire leur devoir, et beaucoup de ses Enfants ont péri avec honneur dans l'armée active.

Pour donner, autant que possible, à chacun la part qui lui est due, je me suis surtout adressé au président du Comité, M. le Commandant Leyssenne. En le remerciant de son obligeance, je crois devoir lui dédier ce travail, comme au représentant le plus autorisé d'anciens compagnons d'armes, dont nous voulons honorer la fin glorieuse.

C^{TE} DE COURONNEL.

CHAPITRE Ier

La Garde Mobile

§ I

COMMENCEMENT DE LA GARDE MOBILE. — SON ORGANISATION ET SON ENTRÉE EN CAMPAGNE. — MARCHES SUR BEAUNE-LA-ROLANDE ET AUX ENVIRONS D'ORLÉANS AVANT LA BATAILLE DE LOIGNY.

Outre le rapport présenté par le colonel Pinelli au Ministre de la guerre, deux publications ont été faites sur la Mobile de la Haute-Vienne. L'une est intitulée : « Étapes du 71e Mobiles », l'autre : « Souvenirs de la Garde mobile ». Elles ont pour auteurs, la première, le capitaine Blanchaud, et la seconde le capitaine de Couronnel.

Enfin, M. Charles Prévost, lieutenant au 95e territorial, a inséré dans l'historique de son régiment des notes auxquelles nous aurons recours principalement en ce qui concerne les Francs-Tireurs de la Haute-Vienne.

Nous empruntons la partie technique au rapport si vrai et si patriotique du colonel Pinelli ; rapport malheureusement interrompu par suite de la blessure de son auteur à l'affaire de Chambord.

Nous y ajouterons des récits tirés des ouvrages de MM. Blanchaud et de Couronnel qui deviendront nos seuls guides pour la fin de la campagne.

Bien qu'il fut question de l'organisation de la Garde mobile depuis plusieurs années et que l'auteur de ces lignes ait été mandé à ce sujet dès le printemps 1868 par le général Loysel, ce n'est qu'au mois d'août 1870 que M. Pinelli, ancien chef de bataillon de l'armée active, fut chargé de l'organisation de la nouvelle milice.

Les nominations des officiers furent datées du 15 août, et le 17, ils étaient convoqués au lieu de formation de leurs compagnies.

1

Les 3 premières du 1er bataillon furent réunies à Bellac ; la 4e au Dorat ; la 5e à Saint-Sulpice-les-Feuilles ; la 6e à Rochechouart ; la 7e à Saint-Junien ; enfin la 8e à Saint-Yrieix et Châlus.

Le 2e bataillon fut organisé en entier à Limoges, sous la direction du capitaine Duval, ancien lieutenant de l'armée active, nommé bientôt chef de bataillon en remplacement de M. Noualhier.

Les autorités civiles et militaires, représentées à Limoges par le général de Brémont d'Ars, commandant la 21e division, et M. Garnier, préfet du département ; à Bellac, par le sous-préfet, M. de Jouvenel, se multipliaient pour assurer aux nouveaux soldats des ressources malheureusement bien insuffisantes.

Ainsi, quand le 1er bataillon quitta Bellac, il n'avait pour tout équipement que des vareuses et des fusils à baguettes, sans aucun ustensile de campagne. Ses premières cartouches lui furent données le 23 septembre, au moment de quitter Limoges pour aller à l'ennemi, et les autres accessoires de la vie des camps lui arrivèrent peu à peu, pendant qu'il faisait campagne.

Le 71e Mobiles n'a jamais reçu plus de 102 cartouches par homme pour tout le temps qu'il a passé aux deux armées de la Loire. Son tir n'a jamais été dirigé que sur l'ennemi et c'est à Loigny qu'il fit l'essai de ses fusils.

Le 25 septembre, les trois premières compagnies du 1er bataillon quittèrent Limoges pour aller à Nevers, où elles trouvèrent un ordre datant déjà de trois jours, leur enjoignant de se porter sur Gien, pour défendre le pont de la Loire.

Le commandant Pinelli les suivait avec les cinq dernières compagnies, tandis que le 2e bataillon prenait en bloc la même direction.

Après une nuit passée à Nevers, le 1er bataillon fut dirigé sur Gien, où il avait déjà été précédé par le 2e, placé dès lors sous les ordres du commandant Pinelli, qui allait être nommé lieutenant-colonel.

La nuit qui suivit notre arrivée à Gien fut troublée par une alerte qui nous réunit tous sur le pont de la Loire qu'on était en train de miner. Cependant, l'ennemi n'avait pas encore dépassé Pithiviers à 60 kilomètres de Gien, et tout ce mouvement venait de l'imagination surexcitée des habitants qui avaient changé en uhlans quelques estafettes chargées de porter des ordres.

Le désarroi était tel qu'aucune carte du département dans lequel nous devions opérer, n'avait été remise au colonel Pinelli, et qu'il fallut en faire faire une à la main par l'ingénieur ordinaire. Le capitaine de Couronnel fut un des seuls officiers qui put s'en procurer une arrachée à l'Almanach du Loiret ; tout incomplète qu'elle était, elle n'en fut pas moins dans la suite appelée à rendre de précieux services.

Le général de Nansouty, qui était à Gien, n'avait aucun ordre à nous donner et il dut avouer, bien qu'il admit notre chef à son rapport, que sa mission se bornait à commander la cavalerie.

A Gien, nos 2 bataillons désormais réunis furent organisés en régiment sous le nom de 71° mobiles. On égalisa les compagnies dont on fixa l'effectif à 170 hommes. Ceux qui restaient en plus furent renvoyés à Limoges avec la 8° compagnie de chaque bataillon, pour être joints au dépôt.

Malheureusement les ressources de la ville étaient épuisées, et il fallait une escorte pour aller au chemin de fer chercher les moindres approvisionnements. Nous n'avons pas oublié la joie que nous causa une distribution de pommes de terre organisée par le capitaine Loupias.

Le 4 octobre au matin le 1er bataillon quitta Gien marchant en bataille pour aller dans la forêt de Châteauneuf relever les Mobiles de l'Aveyron qui ne paraissaient pas mieux équipés que nous. Les vivres manquaient complètement ; il est vrai que nous n'avions ni ustensiles pour les faire cuire, ni abri d'aucune sorte pour camper.

La seconde nuit passée dans la forêt fut très froide et troublée par l'inexpérience de nos mobiles qui firent partir leurs armes en voulant les charger.

Le 6, dès la pointe du jour, on nous mit en route, laissant-là les vivres qu'on avait pu enfin rassembler, pour retourner à Gien où nous reçûmes un peu tardivement nos couvertures.

De Gien, nous fûmes dirigés en chemin de fer sur Montargis, où nous retrouvâmes le second bataillon arrivé l'avant-veille. Nous n'eûmes pas le temps de nous reposer de nos fatigues, car il fallut partir un peu avant minuit pour Beaune-la-Rollande, le colonel ayant reçu du général de Nansouty dépêche suivante :

« 6 octobre, 5 h. du soir.

» Prenez vos précautions pour partir demain matin, de » façon à vous trouver avec vos deux bataillons à Beaune- » la-Rolande à 6 heures du matin. »

Le colonel, ayant fait remarquer que s'il pouvait arriver à l'heure indiquée, ce ne serait qu'avec des hommes exténués et après avoir laissé en route une partie de son contingent, la dépêche suivante lui fut expédiée de Gien, pour confirmer la première :

« 6 h. 55 du soir.

« Vous partirez à pied par la route de Beaune-la-Rolande, » où vous serez rejoint par la cavalerie ; vous l'y attendrez et » vous arriverez à 6 heures du matin. »

Ce que le colonel avait prévu devait fatalement arriver, après tant de fatigues et de privations. La marche fut d'autant plus pénible qu'on n'avait pas de sacs, et qu'il fallait mettre tous les effets dans les musettes de toile, suspendues par une bande qui se roulait comme une corde. Toute la charge portait ainsi du même côté, meurtrissant l'épaule et détruisant l'équilibre du marcheur.

En outre, nous eûmes une alerte qui permit de constater le triste état de nos armes, quand on voulut les charger. C'étaient des fusils de divers et anciens modèles, dont les cheminées étaient souvent brisées sans qu'on en eût de rechange. Comme ils ne nous avaient jamais servi, beaucoup des nôtres étaient fort embarrassés pour les manœuvrer.

Nous ne vîmes cette fois que des braconniers qui, abusant de l'impunité que leur assurait le malheur des temps, chassaient ostensiblement à la lanterne.

C'est sans doute à ces tristes personnages que nous avons dû notre alerte.

Enfin nous arrivâmes à Beaune-la-Rolande, où « nous » attendîmes vainement, dit le colonel Pinelli, la cavalerie » qui m'était annoncée par le général de Nansouty.

» Je devais probablement me porter avec elle sur un autre » point qui, selon moi, n'aurait pu être que Pithiviers souvent

» visité par l'ennemi, pour y faire des réquisitions de toute
» nature. »

Vers midi il arriva de la cavalerie, représentée par un petit
nombre d'hommes, dont les chevaux n'eussent guère été
mieux en état que nous, de faire une nouvelle étape.

« Le télégraphe avait été coupé par l'ennemi, et il ne res-
» tait plus un seul gendarme pour porter les ordres ; de sorte
» qu'il me fut impossible, dit le colonel, de me mettre en rap-
» port avec les généraux qui commandaient le mouvement. »

Nous restâmes ainsi 3 jours à Beaune-la-Rolande, attendant les événements, et voyant passer de temps en temps
des troupes, notamment de la cavalerie, dont les montures
paraissaient exténuées.

La veille de notre départ, le capitaine de Couronnel, envoyé
en détachement à Egry, put en ramener un individu qui cir-
culait avec un cheval et une voiture, et qui, bien que Français, paraissait un fournisseur de l'armée allemande. Il lui fut
bientôt joint deux autres prisonniers, ayant l'accent germanique très prononcé. L'un d'eux fut trouvé en possession
d'une carte faite à la plume, et donnant une foule de détails
topographiques sur le pays. Ils furent tous trois livrés au
maire de Beaune-la-Rolande, qui les envoya sous bonne
escorte à Ladon, d'où ils furent diririgés sur Montargis, pour
y subir le sort qu'ils méritaient.

Le 10 octobre, arriva le colonel Rouher qui commandait
un régiment de cavalerie et que suivait de l'artillerie dont les
chevaux avaient peine à se tenir sur leurs jambes. Il était
en pleine retraite et les nouvelles qu'il apportait décidèrent
le colonel Pinelli à nous faire retourner à Montargis.

Nous avions tout simplement été oubliés depuis notre
départ de cette ville, et nous n'aurions pas tardé à être
enlevés par un ennemi victorieux si celui qui nous commandait n'avait pris sous sa responsabilité de nous faire
rejoindre l'aile droite du général de Lamotte-Rouge.

C'était le colonel Rouher, commandant la cavalerie qui
devait nous rejoindre à Beaune ; mais il avait reçu en route
l'ordre de prendre une autre direction, ce dont personne
n'avait instruit notre colonel.

« Voilà pourquoi, dit-il, deux bataillons qui auraient pu
être utiles à Pithiviers sont restés inactifs pendant trois

» jours ayant été oubliés dans l'un des coins de l'échiquier
» des opérations. »

Pendant notre retraite du 10 octobre sur Montargis, nous
entendîmes toute la journée sur notre gauche une vive canonnade. Comme elle se rapprochait de la Loire, elle ne pouvait
guère nous laisser d'illusion sur le sort de la bataille engagée
du côté d'Orléans.

« Il est évident que si, comme le dit le colonel Pinelli, au
» lieu de nous lancer au hasard sur toutes les routes du Loi-
» ret on se fut occupé de notre équipement et de notre ins-
» truction on nous aurait trouvés prêts beaucoup plus tôt et
» on aurait pu tirer de nous un meilleur parti. »

Nous restâmes jusqu'au 12 octobre à Montargis, d'où on
nous mit en marche sur Bourges, passant par Nogent-sur-
Vernisson, La Bussière et Briare. Partout nous recevions
le meilleur accueil, tantôt chez M. d'Eichtal, à Nogent-sur-
Vernisson, tantôt chez M. de Chasseval, dans son magnifique château de La Bussière.

Bien que l'ennemi ne se fut pas présenté de ce côté, nous
trouvâmes sur notre passage les routes coupées et les fabri-
ques abandonnées, même à Briare, dont l'industrie des boutons est renommée.

Nous arrivâmes en pleine nuit à Bourges, voyant déménager la fonderie de canons où toute fabrication était arrêtée.
On faisait courir le bruit que la ville allait être abandonnée
et que nous aurions à battre en retraite jusqu'à Clermont-
Ferrand.

Nous restâmes cependant 10 jours à Bourges, et c'est là
que le 3e bataillon fut formé, avec le dépôt et l'excédent
d'effectif des anciennes compagnies réduites toutes à 150 hommes. Nous y reçûmes enfin des effets de campement et d'habillement. Si la distribution fut assez complète sous le rapport des gamelles et des marmites dont nous manquions
absolument, il n'en fut pas de même des vêtements. Notre
compagnie en reçut une vingtaine, comprenant les vareuses,
les caleçons et les gilets de laine. Nous ne croyons pas que
cette proportion ait pu être dépassée pour les autres. Quant
aux chaussures, le nombre y était bien ; mais on avait
négligé les dimensions ; elles étaient faites pour des femmes
ou des enfants.

On nous fit essayer nos tentes sur le terrain du polygone transformé par les pluies en un lac de boue. Nous y étions au milieu d'obus, qu'il est miraculeux que nos feux de bivouac n'aient pas fait éclater ; il est vrai que ces feux étaient misérables et aussi incapables de nous réchauffer que de produire pareil effet sur les projectiles abandonnés·

Le 30 octobre, le régiment quitta Bourges pour aller en chemin de fer à Salbris, à 14 lieues d'Orléans, où un camp était établi. Nous n'y arrivâmes qu'à minuit et comme nous manquions complètement d'outils, il nous fut bien difficile de nous procurer du bois pour nous réchauffer. A cette occa·sion, un des nôtres fit une chute mortelle en voulant monter dans un arbre.

Pendant notre séjour à Salbris qui dura plus d'une semaine on nous fit changer trois fois de campement. Le temps était assez beau ; le pays offrait des ressources et les tentes nous parurent moins désagréables au milieu des bois de sapins qui couvrent une partie de la Sologne.

Les négociations concernant l'armistice, dont il était alors question et dont le bruit arriva jusqu'à nous ayant échoué, on nous mit en route le 9 novembre accompagnant un fort convoi. Notre compagnie était chargée d'en éclairer les flancs, allant à travers la campagne tandis que les voitures marchaient à la file sur la route et qu'un train de chemin de fer réglait sa marche sur la nôtre.

A La Motte-Beuvron, où nous devions passer la nuit, on entendait le canon qui gronda jusqu'au soir ; c'était celui de Coulmiers. Nous étions dans l'ancien parc de l'empereur, persuadés d'après les désastres dont nous étions témoins depuis le commencement de la campagne que nous aurions le lendemain à rétrograder ou à protéger une retraite. Aussi, quand à la pointe du jour on nous fit marcher en avant, nous pensions que nous ne tarderions pas à rencontrer l'ennemi.

Nous arrivâmes ainsi à La Ferté-Saint-Aubin, où on nous fit stationner plusieurs heures sous une pluie battante pendant qu'on tirait encore quelques coups de canon. Enfin, on nous mit en marche pour nous arrêter vers huit heures du soir dans un petit bois de sapins, où il fallut passer la nuit.

Nous le quittâmes de bonne heure pour entrer dans Orléans le 11 novembre. On nous y reçut comme des libérateurs, nous traitant mieux que nous ne le méritions puisque nous n'avions pas eu l'honneur de combattre pour en chasser l'ennemi. On nous attendait à l'entrée de la ville, en face de la statue de Jeanne d'Arc, sur l'emplacement du fort des Tournelles dont la prise décida de son temps la délivrance d'Orléans. Les enfants des écoles, conduits par leurs maîtres, et portant des petites bannières formaient la haie sur notre passage devant une foule qui nous acclamait.

Le 12 novembre, au matin, il nous fallut quitter la ville pour retourner en arrière à Olivet, où nous campâmes encore dans un bois de sapins. Le 14, on leva le camp pour aller à Saint-Péravy-la-Colombe, à 5 lieues en avant d'Orléans. A peine avions-nous quitté la ville que nous eûmes devant nous l'image de la guerre : ce n'étaient que maisons abandonnées à moitié ouvertes et pillées, portant les unes des traces de projectiles et les autres d'incendies ; au milieu était une église encore en construction et déjà presque ruinée. Autour de ses murs criblés d'obus et de balles, on voyait des croix de bois portant des inscriptions allemandes. Celles dont nous pûmes approcher avaient été placées là en souvenir de sous-officiers qu'on paraissait avoir enterrés en grande hâte.

Un peu plus loin, nous traversâmes un retranchement s'étendant de chaque côté de la route. On y travaillait activement et auprès gisaient des cadavres de chevaux qui nous firent croire qu'on creusait encore des fosses pour les victimes des derniers combats.

Nous arrivâmes à Saint-Péravy-la-Colombe à 6 heures du soir. Le colonel n'avait aucun ordre précis et ce petit bourg regorgeait de troupes, de façon qu'on ne trouvait ni vivres, ni emplacement pour s'installer. Enfin on nous établit à la gauche d'un parc crénelé près du château qu'habitait le général Chanzy avec tout son état-major.

Le pays ravagé offrait si peu de ressources qu'il fallut, faute de distributions, se coucher sans rien prendre.

Le 15 novembre, le colonel Pinelli fut investi du commandement de la 3e division du 16e corps d'armée, qui comprenait toutes les troupes cantonnées à Saint-Péravy-la-Colombe, ainsi que celles qui pourraient y arriver jusqu'à ce qu'un officier général vienne en prendre le commandement.

Ce même jour, le colonel reçut l'ordre suivant :

XVIe CORPS D'ARMÉE
—
ÉTAT-MAJOR GÉNÉRAL
—
No 252.

16 Novembre 1870.

« MON CHER COLONEL,

» Je vous prie de désigner une compagnie de votre régi-
» ment (71e Mobiles Haute-Vienne) pour aller prendre posi-
» tion à Lignerolles.

» Cette compagnie partira demain matin. Elle devra être
» parfaitement outillée de tout ce qui lui est nécessaire pour
» marcher, combattre et camper.

» On veillera à ce qu'elle parte, ayant dans le sac ses deux
» jours de vivres de réserve, indépendamment des vivres
» qu'elle a dû toucher pour la journée de demain, 17 novem-
» bre. Elle est destinée à appuyer les opérations de la cava-
» lerie cantonnée à Patay et à Sougy.

» Le général commandant en chef le 16e corps d'armée :

» Le général chef d'état-major général,

» A Monsieur le colonel du 71e Mobile (Haute-Vienne),
» Saint-Péravy. »

Le colonel fit mander le soir même le capitaine de Couronnel, commandant la 3e compagnie du 1er bataillon auquel
il communiqua l'ordre qu'il venait de recevoir. Ce dernier le
remercia de cette marque de confiance, et retourna vers les
siens afin de prendre les mesures nécessaires pour partir dès
que le jour le permettrait.

Le 17 au matin, la compagnie fut dirigée sur Lignerolles
où elle arriva après avoir passé devant plusieurs pièces de
canon mises en batterie. Comme le capitaine n'y avait trouvé
aucune instruction pour compléter celles qui lui avaient été
données la veille, il se rendit à Patay à 2 kilomètres pour
demander des ordres à l'état-major qui y était installé. Le
colonel Barbut lui en promit pour la journée et l'autorisa en
attendant à demander tout ce qui lui serait nécessaire.

La mairie de Patay, où il dut aller chercher ses bons de
réquisition, était encombrée de malades et de blessés ; mais

on y paraissait heureux de faire quelque chose pour les Français après avoir été obligé, pendant plus d'un mois, de tout sacrifier pour l'ennemi.

En l'absence du capitaine qui dura une heure environ, une femme s'était glissée parmi nos mobiles dont le commandement avait été laissé au lieutenant de Beireix. Cette femme, sur laquelle on ne put jamais avoir aucun renseignement avait généreusement distribué le contenu d'une grosse bouteille de grès, et ceux qu'elle avait ainsi abreuvés furent bientôt en proie à une ivresse inexplicable. Il est vrai que le frère de l'habitant chez lequel le hasard nous avait conduit venait d'être fusillé à Patay pour avoir servi d'espion aux Prussiens et qu'un meunier avait également été passé par les armes pour avoir mis son moulin à vent au service de l'ennemi. Il le faisait tourner, où l'arrêtait d'après les mouvements de nos troupes. C'est pourquoi on avait arrêté tous les moulins à vent et prescrit les plus grandes précautions contre tout ce qui pouvait servir à l'ennemi de télégraphe improvisé.

A la fin de la journée le colonel Barbut envoya des instructions ainsi conçues :

« *Avant-postes,*

» Patay, 17 novembre 1870.

» Demain matin, une demi-compagnie de M. de Couronnel » partira à quatre heures et demie pour Sougy, afin de soute- » nir une reconnaissance qui part de ce point pour Jan- » ville (1).

» Cette demi-compagnie se tiendra en avant de Sougy » pour soutenir au besoin la reconnaissance qui partira à » 4 heures 1/2.

» *Le Lieutenant-Colonel du 4e mixte,*

» Signé : BARBUT. »

Un peu plus de deux heures nous séparait de Sougy et il fallut partir au milieu de la nuit pour être exact au rendez-vous.

(1) Janville est à environ 20 kilomètres de Sougy dans le département d'Eure-et-Loir.

Les rues de Patay qu'il nous fallut traverser étaient obstruées par des barricades gardées par des sentinelles ; plus loin étaient des vedettes correspondant avec les différents postes et observant l'ennemi.

A moitié chemin, entre Patay et Sougy, est le petit village de Rouvray-Sainte-Croix que gardaient les francs-tireurs de Paris. Pendant que le capitaine était allé se renseigner auprès de leur chef, un individu qui, sans doute, nous avait suivis, se mêlait à nos mobiles, engageant la conversation pour savoir où ils allaient ; ce voyageur nocturne s'empressa de disparaître dès qu'il fut question de l'interroger lui-même.

Il faisait encore nuit quand nous arrivâmes à Sougy, où notre entrée inattendue causa une certaine émotion. Au premier abord on paraissait hésiter pour savoir s'il fallait nous traiter en ami ou en ennemi.

Il fut convenu, avec l'officier chargé de commander la reconnaissance et qui appartenait au régiment étranger que nous l'accompagnerions jusqu'à une centaine de mètres en avant de Sougy où nous attendrions les événements. Il laissa un cavalier pour communiquer avec lui et promit de faire prévenir en cas de besoin.

Vers midi, on entendit quelques coups de fusil et l'ardeur de nos mobiles était telle qu'ils voulurent marcher en avant. Nous fîmes ainsi quelques centaines de mètres et nous arrivâmes à des maisons où était un poste avancé. Il était occupé par les francs-tireurs des Pyrénées-Orientales, qui nous dirent qu'ils n'avaient nullement entendu de fusillade ; mais des coups isolés, comme cela arrive fréquemment lors qu'on est devant l'ennemi.

Les récits de la bataille de Coulmiers et de la déroute de l'ennemi, dont les populations avec lesquelles nous étions en contact venaient d'être témoins, faisaient sur nos jeunes troupes une profonde impression.

Nous brûlions d'égaler les exploits de nos camarades et nous attendions avec anxiété l'ordre de marcher en avant. Ce n'était plus dans le Loiret que nous voulions opérer, mais autour de Paris pour délivrer la capitale.

Faute d'avoir à combattre, il fallut retourner à notre poste où nous vîmes arriver la fin de la journée sans avoir aucune nouvelle. Etant allé à Sougy le capitaine y apprit que la reconnaissance que nous devions appuyer était rentrée à midi après avoir poussé jusqu'à Janville sans rencontrer l'ennemi. Ainsi on avait négligé de nous avertir que notre mission était terminée.

Il nous tardait de rejoindre le reste de la compagnie laissé à Lignerolles où l'ennemi pouvait l'attaquer ; car nous savions qu'il envoyait souvent des reconnaissances de ce côté. Nous partîmes donc en grande hâte et nous arrivâmes un peu avant la tombée de la nuit. De Rouvray-Sainte-Croix que nous avions dû traverser de nouveau, nous pûmes encore voir Terminiers où Français et Prussiens se rencontraient fréquemment. C'est de ce village, qui n'est guère éloigné de Rouvray que de 2 kilomètres, que nous devions partir pour aller combattre le 2 décembre.

Pendant tout le temps que nous restâmes aux avant-postes, nous fûmes étonnés de la manière dont l'ennemi devait être informé. C'est ainsi que dans la nuit qui suivit notre marche, alors qu'il pouvait supposer que nous serions moins bien gardés, une de nos sentinelles faillit être prise par ses cavaliers ; heureusement elle donna l'alarme et fit sortir le petit poste établi en avant de Lignerolles.

Il était dans un bouquet de bois naguère occupé par l'ennemi qui, comme trace de son passage avait laissé une tombe. C'était, paraît-il, celle d'un officier supérieur, enterré à la hâte par suite de la victoire inattendue de Coulmiers.

Le 19 novembre, pendant que nous manœuvrions, l'amiral Jauréguiberry fit appeler le capitaine. Il le questionna longuement et l'engagea à l'accompagner auprès d'un détachement de mobiles de Maine-et-Loire qu'il avait fait arrêter à Lignerolles, où on l'installa dans un grand terrain entouré de murs qu'on fit créneler. Nous allions former son extrême avant-garde, occupant 2 granges à l'entrée du village et le bois dont nous avons parlé. En cas d'attaque, nous devions avertir à Saint-Péravy et nous replier si nous n'étions pas en force. Les coiffes blanches que portaient nos compatriotes de Maine-et-Loire auraient bien pu nous tromper sur leur nationalité si nous n'eussions pas été avertis. Dans les commencements de la campagne presque chaque régiment de mobile avait un uniforme différent.

Nous serions peut-être restés à Lignerolles, où nous recevions directement des vivres, et d'où nous correspondions avec le colonel si le jour de solde n'était pas arrivé ; il fallut bien la réclamer et on nous répondit d'attendre des ordres dans nos cantonnements.

Sur ces entrefaites, arriva à Lignerolles un officier d'état-major qui demanda à parler au capitaine, lui annonçant que, d'après les mouvements de l'ennemi, il était probable que nous allions être attaqués. Un homme fut détaché pour aller prévenir nos voisins de Maine-et-Loire, et toutes nos dispositions furent prises pour faire bonne contenance, ce qui n'était pas difficile avec des hommes aussi bien disposés que l'étaient nos Mobiles.

Ce même jour, le colonel Pinelli allait à cheval à 9 heures du matin reconnaître le terrain sur lequel le régiment devait combattre en cas d'attaque.

Il faisait déjà presque nuit quand arriva l'ordre de rejoindre le régiment qu'on avait renvoyé de Saint-Péravy aux Barres.

Cet ordre était ainsi conçu :

Saint-Péravy-la-Colombe, 20 novembre 1870.

16e CORPS D'ARMÉE

—

ÉTAT-MAJOR GÉNÉRAL

ORDRE

« La compagnie du 71e Mobiles (Haute-Vienne), actuelle-
» ment détachée à Lignerolles, rejoindra son régiment aux
» Barres

» Pour le chef d'état-major général :

» Le sous-chef d'état-major général,

» .... »

Nous devions retrouver nos camarades environ deux lieues en arrière, près de fortifications passagères que le régiment était chargé de défendre en cas d'attaque.

Malgré l'obscurité, le chemin était encore sillonné de troupes et de convois. De chaque côté de la route nationale que nous avions rejointe à Saint-Péravy, on ne voyait que des feux de bivouac. Nous marchions un peu au hasard sans savoir comment nous pourrions rejoindre le régiment. Enfin, à force de questionner nous arrivâmes et nous fûmes accueillis par cette exclamation : « Ah ! c'est vous la compagnie perdue ! »

Il paraît qu'on avait fait courir sur nous les bruits les plus sinistres, tandis que nous revenions tous bien portants, n'ayant laissé personne en arrière.

Du reste, il n'est pas étonnant que nos camarades qui, comme le dit le capitaine Blanchaud « n'avaient d'autres » distractions que les exercices journaliers et la surveil- » lance de travaux, hélas ! bien inutiles » aient été portés aux idées sombres dans la plaine boueuse où nous allions les rejoindre.

Le colonel voulu tbien féliciter la compagnie, et les encouragements qu'il avait si bien su donner, contribuaient avec l'intérêt qu'il portait à tout ce qui pouvait nous être utile à le faire chérir de son régiment.

Le 23 novembre, le général Morandy, désigné pour commander la 3e division, arriva au camp où il remplaça le colonel Pinelli qui fut placé sous ses ordres.

Le 24, on leva le camp pour le transporter auprès de la ferme de Janvry, sur la lisière des bois qui environnent Orléans.

Ce fut notre dernier campement avant la bataille de Loigny et les troupes que nous venions remplacer sont probablement celles que nous vimes combattre le 1er décembre.

A Janvry, on prenait toutes les dispositions pour une marche que nous espérions voir se continuer jusqu'à Paris. On nous distribuait des biscuits et des vivres de réserve, enfin on répandait le bruit des succès obtenus par le général Ducros, dont l'armée victorieuse devait se trouver près d'Etampes. Ces bruits obtinrent assez de créance pour donner un moment l'illusion que les troupes massées devant nous le 2 décembre étaient celles qui sortaient de Paris.

§ II

Bataille de Loigny

Le 1er décembre, à midi, nous reçumes l'ordre que nous attendions depuis deux jours, de quitter le camp de Janvry. Il faisait très froid et comme nous avions ployé nos tentes dès le matin, nous avions aussi brûlé, pour nous chauffer, tous nos meubles, c'est-à-dire les caisses à biscuits qui les remplaçaient. Cela faisait comme un feu de joie qui devait, nous l'espérions, inaugurer notre marche victorieuse.

En débouchant dans la plaine, on nous mit en bataille, marchant de front par file de deux compagnies. Nos bataillons qu'était venu compléter un petit contingent arrivé la veille de Limoges, formaient avec leurs 3.000 hommes, un beau coup d'œil, qu'embellissait un gai rayon de soleil.

A notre droite, dans un chemin de traverse, marchaient une batterie d'artillerie et un piquet de chasseurs, les seuls cavaliers qui devaient nous accompagner au combat. De ce côté, on voyait deux collines surmontées de maisons où était installée de l'infanterie avec de l'artillerie. Nous allions ainsi en avant, sans soucis du danger et ne songeant qu'au succès.

Nous arrivâmes vers deux heures à Sougy, où on nous fit arrêter pour former les faisceaux et nous reposer sans quitter nos positions. On entendait la canonnade dans la direction de Terminiers à 6 kilomètres environ. Comme le bruit s'éloignait et la nuit commençait à tomber, il était facile de prévoir que l'avantage nous restant pour la journée, nous n'aurions pas à combattre avant le lendemain. Aussi nous ne tardâmes pas à recevoir la permission de dresser les tentes.

Plusieurs officiers, montés sur une éminence, observaient le combat qu'éclairait à la chute du jour, la lueur des obus et des incendies. C'était l'affaire de Vilpion, où nos troupes commandées par l'amiral Jauréguiberry obtinrent un succès marqué.

Nous étions de garde de police, ce qui nous permit de passer quelques instants auprès du colonel avec des camarades dont quelques-uns devaient succomber dès le lendemain. Ils étaient réunis dans une pièce très sombre dont les boiseries portaient les traces des dévastations de l'ennemi, s'entretenant de la bataille et de ses suites probables.

La nuit du 1er au 2 décembre fut la plus froide que nous ayons passée sous la tente, aussi fallut-il sortir plusieurs fois pour se réchauffer en marchant. On leva précipitamment le camp vers trois heures et demie du matin et on nous mit en route sur Terminiers, où nous arrivâmes dès la pointe du jour. Pour y parvenir, nous avions dû franchir péniblement, dans l'obscurité, en ligne de bataille, des champs et des chemins bordés de fossés.

Plusieurs des nôtres s'égarèrent et ne purent rejoindre le régiment qu'à la halte qui précéda notre arrivée sur le champ de bataille. Il paraît même que le général se trouva un moment séparé de son escorte.

« Pour nous, le résultat de cette marche de nuit à travers » champs, rapporte le colonel Pinelli, s'est traduit par la » perte des fourgons qui portaient nos bagages et que nous » n'avons pu retrouver que cinq jours après, en arrivant à » Blois. »

On nous fit arrêter un peu avant d'arriver à Terminiers afin d'attendre le jour, et vers 8 heures on donna l'ordre de le traverser pour nous établir sur la droite et faire le café.

Les abords du village, particulièrement sur notre gauche, étaient encombrés d'artillerie dont quelques attelages venaient chercher les pièces qu'ils paraissaient ébranler avec peine. Terminiers avait été visité la veille par l'ennemi et si complètement réquisitionné qu'il était impossible de s'y rien procurer. Ce qu'il n'avait pu enlever avait été détruit, de sorte que le vin et même le pain y étaient devenus choses introuvables.

Les soldats que nous rencontrions avaient presque tous combattu la veille ; ils étaient fiers de leurs prouesses et pleins de confiance dans le commandant de notre corps d'armée, l'amiral Jauréguiberry.

Aussi c'est avec entrain que nos mobiles se mirent en mouvement et il fallut les retenir pour les empêcher de devancer le 40e de marche avec lequel nous étions en ligne.

« Notre division, dit le colonel Pinelli, formait une ligne de » bataille de bataillons en colonne par divisions à demi-dis- » tance de déploiement, ayant à l'aile droite le 40e de marche, » à l'aile gauche le 8e régiment de mobiles (Charente-Infé-

» rieure) et au centre le 71ᵉ. L'artillerie marchait en avant de
» la ligne de bataille et le tout était couvert par des tirail-
» leurs.

» Dès que nous fûmes en présence de l'ennemi nos pièces
» de 4 se mirent en batteries sur un terrain légèrement
» incliné et les bataillons en colonne furent placés derrière
» l'artillerie, à 20 mètres environ. Cette position me parut si
» mauvaise, continue le colonel, que je fis défiler mon
» 2ᵉ bataillon par un pli de terrain. J'allais faire placer suc-
» cessivement les deux autres un peu plus en arrière et à peu
» près à l'abri des projectiles qui commençaient à pleuvoir,
» lorsqu'un officier d'ordonnance vint me transmettre l'ordre
» formel de me reporter derrière la 14ᵉ batterie du 20ᵉ régi-
» ment d'artillerie.

» Elle était commandée par le capitaine Remy, qui
» déploya une vigueur et une énergie dignes des plus grands
» éloges. Une de ses pièces fut immédiatement démontée et
» les 2ᵉ et 3ᵉ bataillons couchés à plat ventre derrière nos
» canons servirent de cible pendant une heure trente-cinq
» aux pièces de 12 que les ennemis avaient braquées sur
» l'éminence qui dominait notre position du côté de
» Lumeau.

» Entre temps, mon 1ᵉʳ bataillon, séparé de moi par
» une distance assez grande, se trouvait à la droite d'une
« autre de nos batteries qui soutenait le feu. Il avait lui-même
» à sa droite le 40ᵉ de marche qui, comme je l'ai dit plus haut,
» formait l'extrémité de notre ligne de bataille.

» Des pièces ennemies établies sur une hauteur derrière
» un moulin à vent avaient ouvert un feu terrible sur nos
» troupes. Notre artillerie, dont les pièces étaient inférieures
» en nombre à celles de l'ennemi et d'un calibre bien moindre
» fit des prodiges de valeur ; mais elle ne pouvait tenir
» contre 60 pièces de 12 bien servies et largement pourvues
» de munitions.

» Aussi nos 18 canons furent-ils bientôt démontés et la
» plupart de nos chevaux tués et blessés. »

L'effet des projectiles était d'autant plus désastreux
qu'ils éclataient presque tous sur la terre gelée. C'était un
grand désavantage pour nous, dont les obus n'avaient pas
besoin de toucher le sol pour se répandre en mitraille. A

2

Coulmiers, au contraire, les projectiles ennemis se perdaient dans la boue tandis que les nôtres produisaient leur effet.

L'impression d'un combat d'artillerie est toujours profonde sur de jeunes troupes, autant à cause du vacarme que des blessures horribles qui en sont la conséquence.

Nous ne distinguions pas l'ennemi dont nous étions séparés par un large pli de terrain, mais nous pouvions voir le feu de ses pièces. De son côté étaient les villages de Lumeau et de Loigny, dont le premier allait être le témoin de nos efforts et dont le second allait donner son nom à la bataille.

« Voyant, dit le colonel Pinelli, les 2 derniers bataillons » restés immédiatement sous mes ordres, décimés par les » obus et m'apercevant que la position n'était plus tenable, » je résolus de me porter en avant pour forcer par ce moyen » l'ennemi à rectifier son tir. Je fis mettre la baïonnette au » bout du canon et j'ordonnais la marche en avant au pas » redoublé. Comme l'ouragan, nous aurions tout renversé sur » notre passage si on nous avait opposé de la résistance. » Nous parcourûmes ainsi environ 200 mètres sans recevoir » aucun projectile et notre mouvement causa une telle panique » aux Bavarois qui occupaient Lumeau qu'ils l'abandon- » naient déjà pour se porter sur la hauteur.

» Mon intention était de jeter le 2e bataillon dans le village » par un mouvement de conversion à droite, tandis qu'avec » le troisième je me serais porté du côté où se trouvaient » quelques pièces de canon pour tâcher de m'en emparer. Je » suis convaincu que cette entreprise eut coûté cher ; mais » j'avais énormément de chances de réussite. M'étant aperçu » que toute la droite de la ligne était en pleine déroute, je me » trouvai dans l'obligation de m'arrêter.

» Le 40e de marche quittait le champ de bataille, après » avoir éprouvé des pertes très sérieuses, et mon premier » bataillon le suivait dans son mouvement de retraite. Je » changeai donc de détermination et par un mouvement » rapide je portai mes deux derniers bataillons entre notre » aile droite en déroute et l'ennemi que je cherchais à contenir » pour ne pas être tourné ; car l'artillerie presque toute » démontée venait de partir.

» Je formai mes 2 bataillons en colonne, et après avoir » combattu trois quarts d'heure, ramenant sans cesse mon

» régiment au feu, je battis en retraite sans précipitation,
» constamment soutenu par un feu de tirailleurs qui mainte-
» naient l'ennemi à distance. Nous marchâmes ainsi jusqu'à
» ce que nous fûmes hors de danger, ce qui ne tarda pas
» longtemps, car nour étions peu poursuivis.

» Nous cessâmes d'être inquiétés vers 2 heures et demie
» et nous prîmes la direction de Sougy, point désigné pour
» le ralliement de la division. On y resta trois quarts d'heure,
» et on laissa filer toute l'artillerie.

» Nous arrivâmes vers cinq heures à l'Huètre où le régi-
» ment campa, ayant à sa gauche les débris du 40ᵉ de mar-
» che et au dessus de lui, ceux du 8ᵉ Mobiles (Charente-
» Inférieure). »

Le 1ᵉʳ bataillon ayant été constamment séparé du colonel,
nous croyons devoir ajouter à son rapport les récits qui
vont suivre. Moins de vingt minutes après que ce bataillon
fut entré en ligne, la batterie qui le protégeait était presque
entièrement démontée. Quoique placés à l'extrême droite,
nous pouvions voir nos canons et en suivre le tir.

Malheureusement, il était impossible à nos artilleurs de
rendre à l'ennemi le mal qu'il nous faisait.

Nos pièces étaient vaillamment servies ; mais leur nombre diminuait tandis que les Prussiens paraissaient à chaque
instant recevoir des renforts. Le moment approchait où nous
ne pourrions plus leur répondre à moins de secours qui
n'arrivaient pas.

Notre compagnie était au bord du chemin qui mène à
Loigny sur l'emplacement même où on a élevé le monument
commémoratif de nos Mobiles.

Nous restions sous une pluie d'obus telle que nos vieux
troupiers disaient n'en avoir jamais vu de pareille.

Enfin le 40ᵉ de marche s'ébranla sur la droite par un
mouvement oblique dans la direction de Lumeau. Nous ne
tardâmes pas à le suivre, exposés cette fois au feu de la
mousquetterie dont les balles lancées par des mains invisibles nous atteignaient, bien que nous fussions encore en
seconde ligne. Leur effet était plus dangereux que celui des
obus ; mais l'impression morale était moins forte.

Nous continuâmes à avancer vers Lumeau, suivant toujours le 40ᵉ de marche qui couvrait déjà le sol de ses morts.

Après avoir traversé un chemin bordé de peupliers, la mitraille recommença à pleuvoir sur nous avec violence. Les coups succédaient aux coups et les obus, en éclatant sur le sol gelé, soulevaient des nuages de poussière et de fumée. Après avoir fait ainsi plus d'un kilomètre nous arrivâmes près d'un groupe de maisons qui nous parut être l'entrée de Lumeau. Plus tard, en visitant le champ de bataille, il nous fut facile de reconnaître que c'est un petit hameau qui en est proche.

Voyant le 40e marche massé derrière une grosse ferme en face de nous, mettre la baïonnette au canon, nous accentuâmes le mouvement autant pour nous porter en avant que pour ne pas rester immobiles sous le feu. Nous traversâmes ainsi un petit chemin dans lequel l'ennemi ne cessait de nous envoyer des projectiles pour aller nous poster près d'une chaumière. A ce moment, l'auteur de ces lignes ayant été renversé sous un mur par un obus perdit probablement connaissance car il n'a pu se rappeler ce qui se passa jusqu'au moment où tout meurtri il se releva voyant la retraite ou plutôt la déroute déjà commencée.

Le capitaine Blanchaud parle d'une maison entourée de meules de paille où semblait commencer le village de Lumeau. « L'ennemi, dit-il, n'était pas disposé à nous disputer » ce terrain dans un combat à l'arme blanche, car il s'éloigna » précipitamment d'une soixantaine de mètres et ne s'arrêta » que lorsque à demi masqué par deux bois qui s'éten- » daient à sa droite et à sa gauche il put demeurer presque » hors de notre portée sous l'efficace protection de sa fou- » droyante artillerie.

» Nous marchâmes vivement alors vers le bois qui s'offrait » à notre droite dans l'intention de nous y établir à couvert » forçant ainsi les canonniers prussiens à tirer au juger. » Puis nous déployant en tirailleurs nous aurions taché de » conserver la position jusqu'au moment où on serait venu » nous soutenir; mais dès que nos premiers rangs s'appro- » chèrent, essayant de gravir péniblement le revers glissant » du fossé, un éclair subit s'alluma dans l'épaisseur du taillis » et une grêle de balles heureusement assez mal dirigées » passa en sifflant sur nos têtes. En même temps apparais- » sait sur les hauteurs de Vilpion un régiment de cavalerie

» qui, se déployant au galop, commençait un mouvement
» tournant pour nous refouler vers les feux croisés de l'artil-
» lerie et de l'infanterie. »

Chacun se retirait autant que possible par petits groupes,
pour ne pas attirer l'attention des artilleurs ennemis dont le
tir était remarquable. Il nous suivit jusqu'à Sougy où se
dirigeaient presque tous ceux qui avaient fait partie de notre
colonne d'attaque.

L'ennemi paraissait tenir à nous couper, pour nous empêcher de regagner la position que nous occupions au commencement de la bataille. Sans doute il craignait de nous y
laisser reformer à l'abri de réserves qui pouvaient s'y trouver ; c'est pourquoi il dirigeait toujours son feu le plus nourri
de ce côté.

Sa poursuite était organisée de manière à protéger constamment son infanterie, nous empêchant de lutter avec elle
à armes égales. Ainsi ses pièces tiraient toujours sur nous
en avant de ses fantassins de façon à rendre dangereuse
toute tentative de ralliement. Nous en fîmes l'expérience avec
le général Morandy auprès duquel on avait commencé à se
grouper. Il fallut bien reconnaître qu'il n'y avait rien à faire,
tant qu'on serait sous le feu de l'artillerie ennemie sans être
protégé par la nôtre.

Sougy, que les Prussiens n'osèrent pas attaquer, ne ren-
fermait que des infirmiers, quelques équipages du train et des
soldats dispersés. Nous eûmes un moment l'idée de nous y
arrêter ; mais l'exemple de ce qui se passait pour les fermes
que l'ennemi couvrait de projectiles dès qu'il y voyait un
rassemblement, et les prières d'habitants affolés nous engagèrent à continuer notre route sur Patay, où nous pensions
retrouver notre régiment avec le gros de l'armée.

Malheureusement, le manque d'informations était complet,
non seulement aucun ordre n'avait été apporté à Sougy, mais
encore on ne savait où se diriger, toutes les indications vici-
nales étant détruites. C'est ce qui fait qu'en dépit de la fameuse
carte achetée à Gien, nous prîmes la direction d'Orléans par
Huètre au lieu d'aller à Patay.

La 7e compagnie du 1er bataillon avait été déployée en
tirailleurs jusqu'à environ 400 mètres de Lumeau, où l'ennemi

était retranché. Abrité par des murs crenelés, il pouvait ainsi tirer sans danger sur les nôtres.

« Nous restons près d'une demi-heure exposés à son feu,
» écrit M. Lucien Dumas à son père, le soir même de la
» bataille.

» En nous retournant, nous apercevons notre régiment
» qui battait en retraite ; nos mobiles reculaient avec peine,
» sur l'ordre qui leur était donné, et la plupart avaient déjà
» mis la baïonnette au canon pour s'élancer vers le village.

» A côté de moi, notre capitaine chancelle, je le saisis, car
» une balle venait de l'atteindre à la cuisse. »

L'épisode se termine par l'arrivée à l'ambulance du capitaine Amasselièvres, dont la blessure n'était heureusement pas très grave.

Le caporal Lucien Dumas l'y avait conduit, aidé par un autre mobile qui avait remplacé auprès du blessé un officier renversé lui-même par un projectile.

« C'est une chance miraculeuse d'en avoir échappé, dit
» notre camarade en finissant sa lettre, j'avoue que le capi-
» taine et moi nous n'y comptions pas. »

§ III

SUITES DE LA BATAILLE DE LOIGNY. — AFFAIRE DE CHAMBORD. — LES DÉBRIS DU RÉGIMENT SONT ENVOYÉS A LIMOGES

Le 3 décembre, le colonel Pinelli se mit en marche à neuf heures du matin, les débris de son régiment formant l'arrière garde de la colonne. « On arrive ainsi, dit-il, à Boulay, où
» l'on campe sans tentes pour les officiers, les fourgons ayant
» été égarés.

» On entend de là une très vive canonnade, qui est inces-
» sante pendant toute la journée. »

Le lendemain les grand'gardes sont attaquées dans un bois en avant et sur la gauche de Boulay, où deux hommes sont blessés.

On lève le camp vers neuf heures du matin pour battre en retraite sur Orléans ; mais bientôt arrive l'ordre de se diriger sur Beaugency à travers champs.

« Après avoir franchi perpendiculairement, dit le colonel,
» la route qui va des Ormes à Orléans, étant poursuivis,
» nous nous engageâmes dans des vignes dont les échalas
» gênaient considérablement notre marche ; quelques obus
» éclatèrent auprès de nous, mais sans nous causer de mal.

» Nous étions à la hauteur de la forêt d'Orléans, que nous
» apercevions sur notre gauche et nous formions, autant que
» le terrain le permettait, une ligne de bataillons en colonne.
» Le 40ᵉ de marche était à notre droite et l'artillerie derrière
» nous.

» Une compagnie de mon régiment, commandée par le
» capitaine Moreau, venait, par mon ordre, de se déployer en
» tirailleurs pour soutenir la retraite, quand un escadron de
» uhlans, chargeant à fond de train une de nos batteries divi-
» sionnaires, fit mine de s'emparer de nos pièces. Alors le
» capitaine Moreau se porta au pas de course, conjointement
» avec une compagnie du 40ᵉ au secours de notre batterie.
» Elle fut dégagée et plusieurs cavaliers, au nombre de 30 à
» 40, furent mis hors de combat. La conduite du capitaine
» Moreau fut l'objet d'un rapport spécial, qui valut à cet offi-
» cier la croix de la Légion d'honneur.

» Voyant que la cavalerie manœuvrait de manière à me
» tourner par la gauche, la compagnie que j'avais envoyée
» de ce côté en tirailleurs s'étant égarée, je portai mes
» bataillons sur la droite les engageant dans un bois où il n'y
» avait plus à craindre de poursuite.

» Après l'avoir traversé, nous arrivâmes sur la route de
» Beaugency, qui était encombrée de troupes appartenant à
» toutes les armes. Nous arrivâmes à Beaugency à 9 heu-
» res du soir exténués de fatigue et sans avoir mangé. après
» avoir marché toute la journée. »

Pendant ce temps les débris du 1ᵉʳ bataillon se dirigeaient
sur Orléans, à la recherche du gros du régiment, qui avait
reçu l'ordre de s'y rendre, comme on vient de le voir. C'est
ainsi que le capitaine de Couronnel arriva aux Barres, passant par nos anciens campements et retrouvant partout avec
nos propres traces le souvenir de camarades dont quelques-
uns étaient déjà perdus pour toujours.

La grand'route était encombrée d'équipages et de troupes
de toutes sortes, représentant une foule plutôt qu'une armée.

La plupart de ceux que nous rencontrions avaient combattu ; quelques-uns avaient peut-être erré pour éviter le champ de bataille, comme nous devions en avoir le triste spectacle le lendemain en approchant des lignes attaquées.

Tous paraissaient harassés de fatigue et de besoin.

Comme nous mourions de faim, le souvenir du manque de ressources à Saint-Péravy-la-Colombe nous décida à nous diriger sur les Ormes, du côté d'Orléans. D'ailleurs tout faisait supposer qu'on choisirait cette ville pour y reformer les régiments écrasés avec nous.

Plût à Dieu qu'il en eût été ainsi ; car on aurait retrouvé le surlendemain pour sa défense, ou celle des lignes placées en avant, des troupes fraîches et capables de rendre service. Au contraire, les ordres donnés le 3 décembre portaient de rejoindre les cantonnements d'où on était parti la veille.

Nous primes donc la direction de Sougy, laissant sur notre gauche la grand'route pour suivre un chemin plus court et moins encombré.

Bientôt le canon commença à gronder ; on se battait du côté de Gidy, en avant des retranchements auxquels on avait naguère travaillé avec tant d'ardeur. Il s'y trouvait, parait-il, de grosses pièces de marine sur lesquelles on comptait pour faire subir à l'ennemi des pertes sérieuses.

La journée devait se passer à chercher, au milieu de chemins impraticables, celui qui pourrait donner un libre accès à Sougy. Enfin, la nuit arriva pour montrer les incendies allumés partout autour de nous.

Nous continuâmes jusqu'aux Barres, où on nous dit qu'il serait imprudent de nous risquer plus loin, l'ennemi étant déjà en vue. La nuit était profonde et si le fait était vrai, nous risquions de nous fair eenlever où nous étions. On reprit donc encore la route d'Orléans, s'arrêtant aux Ormes où nous reçumes des billets de logement.

Toute la nuit on entendit des passages de voitures, et au point du jour il fut facile de reconnaître que l'armée était en pleine retraite.

Néanmoins, ayant appris que le colonel, rassemblant autour de lui les débris du régiment, avait passé la nuit au Boulay, nous primes la résolution de nous y rendre. A peine avions-nous fait deux kilomètres qu'on nous appela pour recevoir des vivres dont la distribution paraissait faite en vue de les soustraire à l'ennemi. Nous reprimes cependant notre route, ce qui nous rendit témoins du brillant départ des sphahis pour aller charger.

Bientôt il fallut rebrousser chemin, les Barres par où nous devions passer étant déjà au pouvoir de l'ennemi. Nous retrouvâmes en route de nombreux camarades, mais il nous fût impossible de rejoindre ceux que nous cherchions avec le colonel Pinelli.

Il était assez tard quand nous arrivâmes à Orléans, bien que nous eussions souvent quitté la route pour prendre des chemins moins encombrés.

Les spahis, qu'on y avait vu si pleins d'ardeurs, étaient rentrés en désordre et leur retour avait répandu une terreur malheureusement trop justifiée.

En traversant le boulevard, nous rencontrâmes environ 1,500 hommes du régiment qu'on y avait réunis et à qui on avait promis des ordres. On leur en donnait coup sur coup et des plus contradictoires.

Au moment de notre arrivée, on venait d'annoncer qu'on restait à Orléans, et qu'il fallait aller à la gare chercher des vivres pour plusieurs jours.

Pendant que nous préparions des corvées à cet effet survient, un nouvel ordre portant que nous devions prendre immédiatement la direction de Beaugency pour rejoindre le colonel. Alors notre troupe s'ébranla, s'engageant sur la route qui longe la rive droite de la Loire et qui était pour nous la plus proche.

Dans les faubourgs, nous vimes accourir de nombreux fuyards annonçant l'arrivée des Prussiens contre lesquels on n'avait pas défendu les retranchements établis pour protéger Orléans. Notre colonne dut ainsi s'arrêter brusquement et il fallut aviser à ce qu'on devrait faire.

En l'absence d'officiers supérieurs, le commandement fut déféré au capitaine de Couronnel, qui, voyant qu'il était impossible de suivre la rive droite prit sur lui de passer par la rive gauche. La carte qu'il avait emportée de Gien et qui était probablement la seule qui fut entre nos mains, l'aida à faire exécuter un mouvement qui permit d'obéir sans risquer un désastre.

A peine étions-nous rentrés en ville, que nous vîmes accourir un sous-officier apportant l'ordre de passer sur la rive gauche. L'ennemi était déjà maître des hauteurs qui dominent la Loire, et il allait bientôt nous donner de ses nouvelles.

C'était un triste spectacle que celui d'Orléans à la nuit tombante. La ville était presque entièrement évacuée par nos troupes, les maisons se fermaient et on attendait à chaque instant l'arrivée des Prussiens. Nous trouvâmes les rues presque désertes jusqu'à l'entrée du grand pont sur lequel se pressait une foule en désordre. Nous pûmes cependant le passer sans nous séparer, formant une masse compacte au milieu de débris sans cohésion.

La route qu'il nous fallut prendre, en débouchant sur la rive gauche était encombrée de caissons et de cavaliers de toutes armes ; on y remarquait surtout des spahis et des lanciers. Quant aux fantassins, ils paraissaient avoir préféré la route du centre pour s'arrêter dans les faubourgs afin d'y prendre un peu de repos et de nourriture.

Nous étions tous exténués, et celui qui écrit ces lignes serait probablement resté en chemin si l'ennemi ne s'était chargé de nous arrêter. Nous avions fait environ 2 kilomètres, marchant sur les bas-côtés, lorsqu'à la hauteur de l'église de Saint-Privé, la route fut subitement couverte de projectiles. C'était l'ennemi qui nous envoyait une volée d'obus et qui se préparait à nous faire charger par sa cavalerie. On put l'arrêter en coupant le pont de bateaux établi sur la Loire, juste au moment où elle s'y engageait : mais il fallut abandonner la route y laissant de tristes débris. En un clin-d'œil, elle fut déserte, cavaliers et fantassins se dispersant dans les vignes et dans un petit bois qui était proche.

Ce fut une bagarre qui fit même des victimes et il fallut suivre le mouvement, nous arrêtant à Olivet qui paraissait devenu le rendez-vous général.

Le capitaine Blanchaud raconte ainsi les péripéties de cette retraite :

« Quand on s'arrêta le 2 décembre, dit-il, il était nuit. La

» neige s'était mise à tomber, comme si le ciel eût voulu cou-
» vrir d'un immense linceul la terre ensanglantée...

» Nos mauvaises chaussures n'avaient pu résister à la
» marche de la matinée dans des champs labourés rendus
» encore plus rugueux par le froid ; un grand nombre d'hom-
» mes allaient nu-pieds, quelques-uns souffraient beaucoup
» de blessures qui avaient d'abord paru insignifiantes ; tous
» étaient brisés de fatigue.

» Nous marchions depuis quatorze heures, après une nuit
» sans sommeil et depuis 24 heures nous n'avions pris d'autre
» nourriture qu'une tasse de café dans laquelle nous avions
» trempé un peu de pain ou de ce dur et fade biscuit qui seul
» nous restait des vivres de réserve. On se coucha dans des
» granges ou des étables, sur le sol humide ou le pavé froid
» et nu des maisons. Nous grelottions sous nos maigres
» couvertures, et l'aurore dont nous souhaitions la venue
» allait nous arriver avec de tristes révélations.....

» Quelques paysans venant de Coince et de Patay appor-
» taient la confirmation du désastre de la veille, avec la
» certitude que le mouvement de l'ennemi s'accentuait de
» plus en plus en avant. La route était encore libre sur
» Orléans, où une concentration de l'armée en arrière des
» tranchées paraissait possible. On se mit donc en marche
» sur cette ville avec le commandant Dutheillet-Delamotte,
» fort souffrant et qui allait se voir contraint d'entrer dans
» une ambulance.

» Pendant cette marche très fatigante, continue le capi-
» taine Blanchaud, sur une route presque entièrement dé-
» pavée, nous n'avions cessé d'entendre à notre gauche, tou-
» jours plus vibrantes et plus distinctes, les tonnantes volées
» de l'artillerie.

» Nous étions dans un état de détresse physique et morale
» bien fait pour inspirer la commisération ; hâves de froid,
» de fatigue et de faim, sous nos vêtements en lambeaux et
» souillés de boue, nous apportions à Orléans l'irrécusable
» témoignage de souffrances stoïquement endurées.

. . . .

» Le lendemain 4 décembre, le jour à son lever nous
» trouva réunis sur le boulevard Saint-Jean ; un ordre de la

» place nous enjoignait de partir à 11 heures pour les Ormes
» ou nous devions trouver le régiment : mais hélas ! les mau-
» vaises nouvelles se succédaient avec une rapidité qui dé-
» passait les prévisions. Tout espoir fut bientôt perdu de
» préserver Orléans d'une seconde occupation, et Beaugency
» fut désigné comme point de raliement du 16e corps. »

Alors eut lieu le passage de la Loire que nous avons déjà
raconté avec l'incident qui vint troubler notre retraite.

« Les charriots, continue le capitaine Blanchaud, accélé-
» rèrent leur marche, couvrant toute la chaussée ; les cava-
» liers s'élancèrent au galop dans une indescriptible confusion
» et les rangs de nos mobiles furent rompus. »

Les moins fatigués purent reprendre à la nuit la direction
de Beaugency, tandis que ceux qui n'avaient eu le temps ni
de se reposer, ni de prendre part aux distributions faites à
Orléans, suivaient après s'être arrêtés à Olivet le mouvement
de retraite vers le centre.

Le colonel Pinelli put profiter de la journée du 5 pour
faire reposer sa troupe à Beaugency.

« Le lendemain, dit-il, la 3e division sortit de la ville pour
» prendre une position de combat sur la droite de la route de
» Josne en faisant face à Meung. On apercevait de loin quel-
» ques vedettes ennemies.

» Le 40e de marche se porta en avant dans la direction de
» Meung et un officier d'ordonnance vint m'apporter l'ordre
» de défendre la route de Josne avec mon régiment, ayant
» soin d'ajouter que je recevrais d'autres ordres dans un bref
» délai.

» Je fis déployer mes deux bataillons parallèlement à la
» route de Josne, ma droite appuyée à un mur de clôture et
» je couvris mon front d'une ligne de tirailleurs. Après être
» resté plusieurs heures dans cette position critique, n'ayant
» avec moi ni cavalerie pour m'éclairer, ni artillerie pour
» combattre, ni outils pour faire quelques petits travaux de
» défense, j'envoyai des officiers aux informations. Ils avaient
» pour mission de savoir ce qu'était devenu le 40e de marche
» que je ne voyais plus depuis longtemps et de tâcher
» d'apprendre d'un général quelconqne ce qu'on voulait
» faire de nous.

» D'après les renseignements que je reçus, tout faisait
» présumer que nous étions oubliés......................

» Après avoir fait deux kilomètres environ dans la direc-
» tion de Mer, je vis les troupes de notre division campées
» dans des vignes à droite et à gauche de la route. Je m'ins-
» tallai derrière le 40e de marche et ordonnai de mettre les
» marmites au feu pour faire le café, nous en avions grand
» besoin, car il était déjà sept heures du soir.

» L'arrivée du 36e de marche vint compléter la 3e division
» qui se trouvait ainsi composée :

» 1re brigade : 36e de marche et 8e mobiles ;

» 2e brigade ; 40e de marche et 71e mobiles.

» Le 7 décembre, la 3e division se met en marche sur Blois
» à sept heures du matin, pour se rendre de là dans le parc
» de Chambord, où, dit l'ordre transmis par le général
» Morandy, *il sera procédé immédiatement et promptement à*
» *sa réorganisation.*

» On s'ébranle dans l'ordre suivant :

» 1° Le convoi précédant la colonne de 4 kilomètres ;

» 2° Le génie (que je fis chercher partout et qui était
» introuvable parce qu'il n'existait que sur le papier) ;

» 3° La 2e brigade, composée du 71e mobile et du 40e de
» marche ;

» 4° La 1re brigade avec le 8e mobiles et le 36e de marche.

» L'arrière garde était composée d'un bataillon du 36e.

» La colonne arrive vers midi à Mer ; elle s'y arrête pen-
» dant deux heures, puis se remet en route pour rentrer à
» Blois vers 6 heures du soir.

» On lui fait traverser le pont de la Loire, et elle campe
» sur la rive gauche au bord du fleuve.

» Le 8 décembre, la 1re brigade part pour Chambord, où,
» d'après les ordres donnés, nous devions la rejoindre le
» lendemain.

» Le 9 décembre, à huit heures et demie du matin, au
» moment où nous allions nous mettre en mouvement, le
» général Morandy envoya un contre-ordre de départ por-
» tant que nous ne devions pas bouger sans avoir reçu un

» ordre écrit de sa main. Cet ordre arrive à 1 heure 1/2 de
» l'après-midi et la 2ᵉ brigade se met en marche à 2 heures
» dans l'ordre suivant :

» 1º 3 compagnies du 40ᵉ de marche suivies de la batterie
» du capitaine Saquet ;

» 2º Le reste du 40ᵉ et deux bataillons du 71ᵉ mobiles ;

» 3º La réserve de l'artillerie, les bagages de l'état-major
» général et ceux de la troupe ;

» 4º Un bataillon du 71ᵉ mobiles fermant la marche.

» Il était facile, continue le colonel, de pressentir une
» catastrophe prochaine. Nous entendions le canon sur notre
» gauche du côté de Mer et il était probable que l'ennemi
» occupait déjà les deux rives de la Loire ». (1).

» Dans cette hypothèse notre position à Chambord où
» on nous envoyait pour nous y *établir* et nous *réorganiser*
» ne pouvait être tenable.

» Pendant que nous marchions sur Chambord, la 1ʳᵉ bri-
» gade qu'on y avait installée la veille recevait l'ordre de
» rentrer à Blois, de sorte que les deux brigades de la même
» division exécutaient simultanément un même mouvement
» en sens inverse. Il paraît que le général voulait prescrire à
» la 1ʳᵉ brigade de rebrousser chemin et qu'il la fit chercher
» dans cette intention ; mais, par une circonstance inexpli-
» cable, elle avait pris pour revenir à Blois une autre voie
» que celle que nous suivions.

» Les habitants du village de Huisseau, que nous traver-
» sâmes paraissaient étonnés de notre pointe sur Cham-
» bord et il était facile de reconnaître les craintes qu'ils
» éprouvaient à notre sujet. Pour mon compte, je fis part de
» mes appréhensions à mes officiers supérieurs, et ne leur
» cachai pas que notre situation me paraissait très mauvaise
» étant convaincu que nous pouvions être cernés pendant la
» nuit et forcés le lendemain de nous faire tuer ou de nous
» rendre.

» Nous entrâmes dans le parc de Chambord vers 6 heures
» du soir, c'est-à-dire à la nuit.

(1) Le 7 décembre, en effet, l'ennemi, comme on le verra plus loin, s'était
déjà emparé de Salleris, devant même pousser le lendemain jusqu'à Vierzon
à 80 kilomètres au Sud de la Loire.

» Le 40° de marche, s'établit en colonne par division fai-
» sant face au château et mon régiment se plaça à sa gauche
» dans le même ordre à 10 mètres environ.

» Je venais de mettre pied à terre et la dernière compagnie
» n'avait pas encore pris son rang dans la colonne lorsqu'un
» sous-officier vint me prévenir que l'ennemi était dans le
» parc. Il y avait été conduit par un paysan qui venait d'en
» faire l'aveu publiquement, ayant été, disait-il, contraint par
» des menaces de mort.

» Le lieutenant-colonel Jobey, du 40° de marche, com-
» mandait la brigade, je lui demandai s'il avait des ordres
» et il me répondit que non mais qu'il allait tâcher d'en avoir.
» Je songeai alors à me porter à tire-d'ailes sur Romoran-
» tin (1) et j'en manifestai l'intention en causant avec un
» groupe d'officiers. J'attendais, pour cela, le résultat des
» démarches de notre chef de brigade ne voulant pas agir
» seul dans une conjoncture aussi grave.

» Tout à coup j'entendis un grand bruit de paroles au
» milieu desquelles je distinguai celles-ci : « Rendez-vous ! »
» Elles furent suivies de quelques coups de fusil, puis d'une
» décharge générale.

» La nuit était fort sombre, et nous étions dans des parages
» absolument inconnus. Je me dirigeais le plus vite possible
» du côté d'où partait la fusillade, afin de reconnaître le
» terrain et de me rendre compte de la situation, quand je
» tombai la jambe droite fracturée en 2 endroits. Je perdis
» probablement connaissance ; car lorsque j'appelai à mon
» secours, personne ne répondit. Cependant les coups de
» fusil se faisaient toujours entendre, et les balles tombaient
» autour de moi.

» Pendant que je faisais mes efforts pour sortir de l'endroit
» périlleux où je me trouvais, j'aperçus au clair de la lune
» qui se levait le scintillement des casques de nos ennemis,
« s'avançant vers moi et proférant leurs cris de victoire :
« hourra !...

---

(1) Cette ville n'était pas occupée le 8 décembre, puisqu'il fut question
ce jour-là de la défendre avec le détachement venant de Salbris. Le 9
décembre les Prussiens, qui allaient bientôt abandonner la direction du
Centre pour se porter vers l'Ouest ne devaient certainement pas être en
grandes forces de ce côté.

» Le capitaine, qui commandait ces hommes s'approcha
» de moi et me mit le sabre sur la poitrine en me disant :
» Prisonnier, prisonnier, vous prisonnier. » Je lui fis observer
» que j'étais blessé, et que j'avais besoin de secours le priant
» de me faire porter au château. Il me répondit qu'il n'avait
» pas le temps de s'occuper de moi et me fit mettre contre le
» mur de la façade principale. La compagnie qu'il comman-
» dait, et qui faisait partie du 4e régiment de la division d'in-
» fanterie de la Hesse-Darmstadt, fouilla le parc puis revint
» quelques minutes après avec deux ou trois mobiles qui ser-
» virent pour me transporter à l'ambulance établie au châ-
» teau.

» Nous n'en soupçonnions pas l'existence ; mais les doc-
» teurs Raymond, Bouyer et Du Basty ne tardèrent pas à
» m'y rejoindre, prodiguant leurs soins aux blessés. »

Le colonel Pinelli n'eut même pas la consolation de voir
les officiers de son régiment faits prisonnier avant leur trans-
port en Allemagne. Ils partirent le 10 décembre à 10 heures
du matin un peu après que le colonel du 4e hessois eut fait
découvrir le lit du colonel pour s'assurer personnellement de
la gravité de sa blessure.

Elle était malheureusement si grave qu'elle ne devait
plus lui permettre de garder son commandement.

Le capitaine Blanchaud raconte ainsi l'affaire de Chambord :

« Nous sommes au 9 décembre, l'horloge a sonné lente-
» ment cinq coups dont la vibration se prolonge sur la ville
» de Blois endormie. La 2e brigade attend rangée dans ce
» faubourg de Vienne qui vit licencier, en 1815, la vieille
» garde impériale. Les hommes sont debout, en arrière des
» faisceaux et des sacs prêts à charger. Aux dernières
» lueurs des feux qui s'éteignent, on les voit pâlis par le froid,
» l'insomnie ou la fièvre, essayant de s'envelopper de leurs
» couvertures que le vent soulève parfois, découvrant des
» vêtements en lambeaux. Un brouillard glacé monte du
» rivage, et suspend des aiguilles de givres aux barbes et
» aux chevelures.

» Cependant, ce n'est que vers 2 heures de l'après-midi
» que la brigade s'ébranle. A mi-chemin nous rencontrons
» une compagnie de francs-tireurs qui nous tient ce lan-

» gage : « Qu'allez-vous faire à Chambord ? Les Prussiens y
» seront avant vous en force. » Nous avons reconnu une
» colonne d'au moins 15,000 hommes d'infanterie, accompa-
» gnés d'une nombreuse cavalerie et d'une puissante artil-
» lerie ; ce n'est cependant qu'une avant-garde si nous som-
» mes bien informés. Quant à la 1re brigade de votre division
» elle a reçu l'ordre de se replier sur Blois, et elle est en
» route.

» Le parc de Chambord, continue le capitaine Blan-
» chaud, était calme et silencieux quand nous y entrâmes.
» On pouvait entendre bruire les feuilles au vent du soir et
» c'est à peine si nos pas éveillaient de loin en loin un écho
» sous la voûte des tranquilles futaies où la lune, à son
» lever, glissait déjà quelques rayons.....

» On s'arrêta près du château dont deux ou trois fenêtres
» des étages supérieurs étaient seules éclairées. Les batail-
» lons s'établirent vers son angle nord-ouest en colonnes
» doubles, n'ayant entre elles que la distance suffisante à la
» formation des faisceaux. La brigade était massée sur une
» pelouse de forme ovale assez vaste ; mais où 3,000 hommes
» étaient fort à l'étroit.

» Une petite rivière profonde et vaseuse, le Cosson, dont
» un bois épais couvre la rive opposée nous limitait. A
» droite, nous avions le château, à gauche une haie vive,
» haute, touffue et percée d'une seule ouverture qu'on avait
» dû élargir pour le passage des canons ; en arrière se trou-
» vait une succession de futaies et de taillis coupés par de
» rares allées.

» Tout à coup, des francs-tireurs disséminés dans l'allée
» se réunissent en hâte près du pont jeté sur le Cosson. Un
» officier et une escouade du 40e de marche s'avance dans
» cette direction ; car on annonce que l'ennemi est dans le
» parc.

» Au moment où le colonel appelle à lui quelques officiers
» on entend échanger rapidement ces mots : « Qui vive ? »
» « Prusse ! rendez-vous vous êtes cernés ! » « Feu ! » répond
» l'officier français et ses soldats tirent au juger. Alors un
» immense éclair s'allume dans l'épaisseur du fourré. Quel-
» ques hommes tombent blessés entraînant les faisceaux
» dans leur chute ; le colonel, qui s'était élancé en avant a la
» jambe brisée.

3

» On recule vivement vers le bois ; mais à quelques pas
» de la lisière et sous le couvert sont tendus des fils de fer
» pour protéger les arbustes contre la dent du gibier. La
» peur ferme la porte à la réflexion et ces fils mystérieux
» paraissent un nouveau piège tendu par l'ennemi dans lequel
» nous avons donné tête baissée. Les derniers survenants se
» demandent avec effroi quel obstacle inconnu refoule ainsi
» et renverse ceux qui les précèdent. Dans chaque groupe
» d'hommes tombés qui se se débattent ils croient voir un
» monceau de cadavres. Enfin les fils se rompent et une fois
» sous bois les balles, heureusement assez mal dirigées, font
» peu de victimes.

» La première allée qui se présente est bonne à prendre mais
» toutes rayonnent d'un centre commun vers une immense
» circonférence s'écartant les unes des autres pour franchir
» l'enceinte du parc par plusieurs issues que séparent de
» grands espaces donnant accès sur une plaine presqu'in-
» habitée. Elle est marécageuse, parsemée de bois et coupée
» par trois ou quatre routes sur lesquelles on va s'engager
» au hasard. Le désastre sera ainsi consommé ! »

Le détachement qui s'était porté sur Olivet se mit en route
après y avoir pris un peu de repos et de nourriture. Le triste
état où nous étions ne permettait pas de risquer une marche
pouvant être inutile. C'est pourquoi il fut résolu de quitter la
route qui venait d'être coupée pour suivre celle de La Ferté-
Saint-Aubin que nous connaissions déjà, et où nous étions
sûrs de trouver quelques ressources. Nous arrivâmes à la
Ferté un peu avant le jour, ayant rencontré partout les maisons encombrées et nos équipages fuyant en désordre. On
se réunit dès qu'il fit clair et on décida de continuer la marche dans la direction du centre, l'ennemi étant attendu à
chaque instant.

Chacun avait passé la nuit comme il avait pu ; mais nous
étions relativement reposés et nous avions recruté de nombreux compagnons ; aussi formions-nous un détachement
assez important quand nous arrivâmes à La Mothe-Beuvron
ou notre entrée en bon ordre fit sensation. On nous y distribua
des vivres, qu'on était peut-être heureux de sauver ainsi du
désordre et même de l'ennemi. La déroute était si complète
qu'on nous engagea à continuer jusqu'à Salbris, où nous
nous arrivâmes le soir assez tard après avoir doublé l'étape.

Nous allâmes immédiatement nous mettre à la disposition de l'autorité militaire demandant un gîte et offrant nos services. Le gîte après bien des démarches nous fut donné à la gare dont le chef devait se montrer plein de dévouement dans ces tristes circonstances. Quant aux ordres il n'y en avait point, du moins pour le moment.

Le lendemain, dès que le commandant du détachement fut en état de se tenir sur ses jambes, il réunit ses hommes à la gare. Quelques-uns, parmi les plus valides peut-être avaient déjà suivi la foule où le hasard pouvait la conduire. Néanmoins notre effectif avait plutôt augmenté que diminué par les recrues que le hasard nous avaient aussi amenées.

Il fallait d'abord se procurer des vivres, et nous fûmes assez heureux pour trouver une intendance fonctionnant près de la gare. Son chef avait fait des merveilles car nous eûmes de suite une distribution régulière. Il parut ravi de trouver une petite troupe organisée, et il donna à celui qui la commandait l'ordre suivant :

« M. le capitaine de Couronnel du 71ᵉ est prié de mettre
» 50 hommes de garde à la gare. Ces hommes auront pour
» consigne de barrer le passage à tous les traînards, de les
» faire sortir de la gare et de les forcer à se rallier autant
» que possible sur la place où ils se réuniront par corps.

» Il faut par tous les moyens possibles empêcher le sta-
» tionnement de tous les isolés à l'exception des blessés qui
» viendraient pour être évacués.

» Le chef de poste, un officier autant que possible, aura à
» déférer au chef de service de la gare, du comptable que je
» vais y établir et à mes ordres.

» L'Intendant du grand quartier général,

« . . . . »

6 décembre, 10 heures.

Le général Martin des Paillères, qui commandait à Salbris, nous cite dans son rapport.

Nous passâmes la journée à la gare au milieu du plus grand désordre. On voyait sans interruption passer des voitures, des fuyards et des blessés.

L'exemple gagnait quelquefois un peu les nôtres qui nous quittaient pour suivre le mouvement; mais les choses allaient de telle sorte que ceux qui partaient étaient bientôt plus que remplacés. Ce n'était malheureusement pas à Salbris que nous devions nous rallier ; car l'ennemi avançait toujours.

En allant chez le général Martin des Paillères nous fûmes témoins du passage d'un uhlan à travers Salbris et les troupes qui l'encombraient. Cet homme paraît l'avoir fait impunément, tant il allait vite et tant son arrivée était soudaine. Plusieurs de nos cavaliers le poursuivaient ; mais ils étaient loin et leurs cris arrivaient trop tard pour qu'on put lui barrer le passage. Le général voulut bien nous faire compliment sur notre bonne volonté, en nous réitérant l'ordre de rester à la gare. La solde et les vivres nous étaient assurés jusqu'à ce qu'on nous permit de rejoindre le gros du régiment où on pourrait nous l'indiquer.

Le 7 décembre au matin, il nous arriva des renforts en hommes et en officiers. Bientôt le canon commença à gronder et on annonça que l'ennemi qui avait soin de suivre autant que possible les voies ferrées attaquait nos avant-postes à Nouan-le-Fuzelier, station qui précède Salbris et sur la ligne d'Orléans à Paris.

Il devait être alors à 12 kilomètres ; mais il avançait toujours, car le bruit devenait de plus en plus distinct.

Autour de nous régnait une grande agitation ; on réunissait sur la route de Romorantin les débris du 16e corps auquel nous appartenions. Le commandant du détachement crut alors de son devoir de se rendre auprès de l'officier chargé de ce soin, et il fut convenu que nous irions le rejoindre dès que nous serions autorisés à quitter la gare. Il donna un ordre ainsi conçu que le commandant du détachement alla porter à l'état-major.

NOTE

« M. le capitaine de Couronnel, de la Mobile de la Haute-
» Vienne, est autorisé à demander que ses hommes qui sont
» de garde à la gare de Salbris aillent rejoindre les détache-
» ments du 16e corps campés sur la route de Romorantin
» pour être mis en route demain matin.

» Salbris, le 7 décembre 1870.

» *Le Commandant,*

» ...... »

Quand nous arrivâmes à l'état-major, tout le mon de y était à cheval, et on nous répondit que, puisqu'on quittait Salbris, nous pourrions bien le quitter aussi. Nous allâmes donc occuper sur la route de Romorantin la place qui nous était indiquée ; il était alors environ 2 heures.

Partout on battait en retraite autour de nous, les tentes étaient abattues et les divers détachements qui les avaient occupées s'éloignaient, s'arrêtant quelquefois comme pour prendre position et finissaient par disparaître. Nous étions environ 200 hommes quand nous quittâmes Salbris.

La direction vers Romorantin semblait d'autant plus logi- que qu'elle nous rapprochait de Beaugency, où le colonel avait passé. A peu de distance de Salbris nous trouvâmes à La Ferté-Imbault un état-major établi, dont nous prîmes les les ordres. On nous y indiqua la route de Blois, comme la plus sûre pour rejoindre les débris du régiment ; car il était peu probable que le colonel fut resté à Beaugency que l'en- nemi devait occuper, et il était imprudent de s'aventurer dans cette direction.

Nous continuâmes donc notre marche sur Romorantin, où nous arrivâmes à la nuit tombante. Les habitants nous firent bon accueil, et des logements avec des vivres nous furent assurés. Pendant la nuit, arriva la nouvelle de l'appro- che de l'ennemi ; elle nous fut confirmée par le sous-préfet, M. de Champeaux, qui voulait tenter une résistance. La ville avait une garde nationale paraissant bien organisée ; ses abords parsemés de petits bois étaient faciles à défendre et peu faits pour attirer un ennemi qui craignait les embusca- des. Celui auquel on avait eu affaire n'aurait été, comme la suite l'a prouvé, que peu nombreux et envoyé plutôt pour piller ou réquisitionner que pour occuper un point straté- gique.

Il fut convenu qu'un conseil de défense serait rassemblé, et un rendez-vous fut pris à ce sujet. Malheureusement l'au- torité manquait au chef sur un détachement composé d'élé- ments divers, où l'influence locale dominait celle du grade. Pendant qu'il était à l'hôtel de ville attendant une délibéra- tion qui eût été un honneur pour le régiment, on faisait par- tir sa troupe.

C'est ainsi que nous quittâmes Romorantin, nous dirigeant sur Blois, dont nous n'étions plus séparés que par deux journées de marche. Le soir, on s'arrêta à Contres, et le lendemain on se mit en route, espérant arriver à destination. Quelques-uns des nôtres prirent des voitures pour aller à Cellettes, tout près de Blois, où rendez-vous leur fut donné. C'était une malheureuse idée, car les nouvelles de la journée furent de plus en plus mauvaises.

Au lieu de continuer il eut été prudent de s'arrêter à Cour-Cheverny où nous arrivâmes à la tombée du jour. Nous n'aurions pas été fatigués pour le lendemain et surtout nous aurions évité la panique de la nuit qui allait suivre. Malheureusement l'idée de rejoindre des camarades qui nous avaient peut-être précédés auprès du colonel devait prévaloir. On arriva assez tard à Cellettes où on retrouva ceux qui avaient pris des voitures et on se prépara à y passer la nuit.

C'est le soir du 9 décembre, entre 6 et 7 heures, qu'eut lieu la funeste affaire de Chambord, où nous devions perdre tant de braves camarades. Nous ne tardâmes pas à en recevoir le contre-coup.

Après qu'on se fut arrêté pour prendre du repos arrivèrent à Cellettes les débris du régiment surpris à Chambord. Bientôt ce fut une foule semant partout l'alarme. Le village fut sur pied, et il fallut se décider à suivre un mouvement qui n'était malheureusement que rationnel.

Vers midi, nous arrivâmes à Chaumont avec une forte colonne presque entièrement recrutée en route. Cela nous fit remarquer et nous valut des vivres que nous fit donner le général Morandy ; nous n'en usâmes guère, car il fallut abandonner la viande sans avoir pu la faire cuire.

Nous étions rassemblés aux bords de la Loire, qui charriait des glaçons sur une route resserrée entre la rivière et les rochers à pics que domine le château. On nous tint là pendant plusieurs heures, ne nous faisant partir que les derniers avec les Mobiles de la Charente-Inférieure, comme pour soutenir la retraite. Il n'y avait plus après nous que les débris d'un régiment de ligne.

On nous fit marcher très vite, aussi n'étions-nous pas nombreux quand nous arrivâmes à Amboise à dix heures du soir. Nous restions environ 80 de toute la colonne réunie dans la journée.

On nous donna rendez-vous à 8 heures, le lendemain, pour aller chercher des vivres avec le régiment de la Charente-Inférieure, auquel nous étions provisoirement réunis. On a vu dans le rapport du colonel Pinelli, qu'il faisait partie comme nous de la troisième division dont la 2ᵉ brigade venait d'être si malheureusement écrasée à Chambord. La distribution fut incomplète, et on nous oublia totalement. Alors, le commandant du détachement alla trouver le général Morandy qui le congédia en disant que nous n'étions plus sous ses ordres.

Pendant ce temps on vint nous avertir que d'autres de nos mobiles étaient à Amboise avec le capitaine de Preaulx. Le capitaine de Couronnel crut devoir aller le rejoindre avec son détachement. C'est ainsi que furent réunis les débris qui devaient servir à reconstituer le régiment.

La plus grande partie avait quitté Chambord par la porte de Bracieux, où nos camarades avaient rencontré le colonel Marty, commandant la 1ʳᵉ brigade de notre division composée du 8ᵉ mobile et du 36ᵉ de marche. « Il n'eut pas plutôt » appris, raconte le capitaine Blanchaud, ce qui venait de » se passer à Chambord qu'il fit faire demi-tour à sa troupe, » ordonnant aux officiers du 71ᵉ mobile de le suivre et recula » jusqu'à Bracieux. Le général Morandy y arrivait en même » temps que nous, et dirigeait tout le monde sur Amboise » par les Montils et Chaumont...

» Comme on sortait de Bracieux, les nuages qui char- » geaient l'horizon crevèrent, et il se mit à tomber une neige » épaisse fouettée par un vent glacial. Les hommes avan- » çaient péniblement, fatigués par 9 jours de marche pendant » lesquels ils avaient été souvent privés de nourriture et de » sommeil. Aussi lorsqu'on arriva aux Montils vers 1 heure » du matin, il fallut y laisser la moitié de la colonne. On » avait parcouru en 10 heures près de 40 kilomètres, sans » rien prendre et sans autre temps d'arrêt que la halte aus- » sitôt interrompue à Chambord par l'attaque de l'ennemi. »

Aux Montils, ceux qui étaient restés en arrière furent rejoints par le détachement du capitaine de Couronnel qui les recueillit, et avec lequel ils devaient arriver à Amboise dans les circonstances que nous venons d'indiquer.

C'était au capitaine de Preaulx, par privilège d'âge, à prendre le commandement de ce qui restait du régiment encore plus éprouvé à Chambord qu'à Loigny. L'embuscade où il était tombé ne lui avait laissé que des officiers subalternes. Le colonel Pinelli était blessé, le commandant Duval prisonnier et envoyé à Stttutgard avec la plupart des officiers du régiment qui avaient partagé son sort, le commandant Dutheillet de La Mothe était resté à l'ambulance à Orléans et son autre collègue ne nous avait pas encore rejoints.

On partit à 10 heures du matin, se dirigeant sur Tours. L'étape n'était pas très longue; car on ne compte que 20 kilomètres d'Amboise à cette ville; mais le temps avait changé et le froid joint à la fatigue rendait le chemin plus pénible. Il était parfois jonché de pauvres bêtes qui n'ayant pu suivre la colonne qu'elles devaient alimenter tombaient épuisées, laissant derrière elles l'empreinte sanglante de leurs pieds déchirés. On allait si lentement que le jour approchait de sa fin quand nous entrâmes à Tours.

Tout y était dans la confusion, car on sentait que la ville ne pourrait pas être défendue. Le gouvernement l'avait déjà quitté pour aller à Bordeaux, et les administrations faisaient leurs préparatifs de départ. On y voyait un mélange d'uniformes de toutes sortes, parmi lesquels ceux des francstireurs se faisaient remarquer par des costumes variés, souvent élégants et même assez frais.

Nous y rencontrâmes les « Amis de Paris », dont le capitaine écrivit au Préfet de la Haute-Vienne des lettres qui furent insérées dans le *Courrier du Centre*. Nous en parlerons plus loin, ainsi que des « Francs-tireurs de la Haute-Vienne ». Les « Amis de Paris » portaient sur leurs uniformes de petits bonnets de liberté servant à distinguer leurs grades.

Ce qui devait former la 2e armée de la Loire avait déjà pris la direction du Mans avec le général Chanzy. Nous aurions suivi ce mouvement la veille à Amboise, si le général Morandy avait pu nous désigner qui était chargé de nous commander à sa place et de nous faire donner des vivres.

Sur ces entrefaites fut signalée la présence à Tours du seul officier supérieur qui restait du régiment. Il y avait vu le général Sol « et c'est lui qui, dit-il, dans une lettre adressée » au Préfet, me donna l'ordre de me rendre avec le reste du » régiment à Limoges. »

On nous embarqua le 11 décembre au nombre d'environ 1,000 hommes et nous étions si fatigués que nous restâmes toute la nuit à la gare sans nous en douter. « Cela, dit avec » raison le capitaine Blanchaud, simplifia singulièrement la » question du logement. »

§ IV

SÉJOUR A LIMOGES. — LE RÉGIMENT FAIT PARTIE DE LA 2ᵉ ARMÉE DE LA LOIRE ET EN SOUTIENT LA RETRAITE APRÈS LA BATAILLE DU MANS. — ARRIVÉE ET SÉJOUR A LAVAL. — MARCHE SUR CHATELLERAULT. — FIN DE LA CAMPAGNE.

Pour aller à Limoges, où on nous dirigeait, il fallut passer par Angoulème, Coutras et Périgueux. Nous n'arrivâmes à destination que le 13 décembre au soir, après être restés en chemin de fer pendant deux jours et deux nuits.

Notre séjour au chef-lieu du département devait durer près de trois semaines pendant lesquelles nous vîmes arriver ceux de nos blessés qui étaient transportables. Parmi eux se trouvait le colonel Pinelli, rendu seulement le 28 décembre au matin. Ce brave officier qui avait formé le régiment et qui devait être jusqu'à la fin l'objet de nos regrets eut à supporter mille tracasseries.

« La malveillance, à mon égard, du général Creuly, qui » commandait à Limoges, se manifestait, dit-il, tous les jours, » de plus en plus. Il m'enleva brusquement le commandement » du régiment, sans daigner avoir avec moi un entretien qui » l'eut ramené à de meilleurs sentiments. J'étais malheureu- » sement dans l'impossibilité de lui faire une visite. Je n'ai » donc jamais eu l'honneur de lui parler, et n'eus avec lui » qu'une correspondance que je commençai dès que mon » état général me permit d'écrire de mon lit. »

Il arrivait aussi à Limoges des camarades qui avaient pris des directions différentes. Beaucoup avaient été trompés par ce qu'on disait relativement au 16ᵉ corps, auquel nous appartenions, et l'avaient suivi jusqu'au Mans.

En même temps que nous, se trouvaient les mobilisés du département à peine réunis et venant de nommer leur chef. Pour les aguerrir, on avait imaginé de les faire camper sur le champ de foire. Ce genre d'exercice leur devait être encore plus dur qu'à nous mêmes pendant la campagne, car il faisait un froid exceptionnel.

Quelques-uns de ceux qui demeurèrent sous les tentes, le payèrent de leur vie, d'autres en restèrent infirmes.

Nous avions d'abord été envoyés dans une brasserie de l'autre côté de la Vienne, au faubourg Saint-Martial, puis on nous établit à la caserne des Vétérans, pendant que d'autres Mobiles étaient au manège de la cavalerie. L'auteur de ces lignes fut assez heureux pour trouver, dans la famille Desbordes, de bons soins qui le remirent promptement de ses fatigues.

Le long séjour du 71e mobiles à Limoges, et même son arrivée dans cette ville, ont été diversement appréciés. Sa présence à l'armée, comme au chef-lieu du département, était réglée par des ordres auxquels la discipline nous prescrivait d'obéir.

On nous fit quitter précipitamment Limoges le 31 décembre, sur un ordre du général Chanzy, qui nous avait assigné d'avance notre place de bataille. Avant de partir, le colonel Pinelli adressa au régiment l'ordre du jour qui suit :

    « Officiers, sous-officiers et soldats du 71e régiment de
      » la garde mobile,

    » Un ordre de notre général en chef vous rappelant sur le » théâtre de la guerre, j'éprouve le besoin de vous remercier » cordialement de toutes les marques de sympathie que » vous n'avez cessé de me donner depuis que j'ai l'honneur » d'être votre chef, et de vous exprimer le regret de ne pou- » voir pendant quelque temps encore vous conduire sur de » nouveaux champs de bataille.

    » La malheureuse affaire de Chambord, dont j'ai été la » première victime, a été produite par des circonstances de » force majeure indépendantes de notre volonté et dont la » responsabilité ne saurait retomber sur les 4 régiments de » la 3e division du 3e corps. La vérité ne peut tarder à être » connue, et votre réputation sortira intacte de l'enquête qui » se fait en ce moment.

» A ceux qui douteraient de votre courage opposez le
» témoignage du général prussien qui commandait à
» Lumeau en avant de Terminiers, le 9 décembre. Il demanda
» quelles étaient les troupes d'élite qui lui avaient été oppo-
» sées et qui pendant 3 heures avaient essuyé, sans broncher,
» le feu de 60 pièces d'artillerie dont la précision était remar-
» quable.

» Ce général ne voulait jamais croire que les troupes
» d'élite dont il parlait, étaient des gardes mobiles voyant le
» feu pour la première fois. Ces paroles, tombées des lèvres
» d'un ennemi, sont le plus bel éloge qu'on puisse faire de
» votre attitude en présence du danger.

» Soyez calmes, ayez du sang-froid dans les combats,
» écoutez la voix de vos chefs et quoiqu'il arrive ne vous
» débandez jamais. Songez qu'au point de vue même de sa
» propre conservation, une troupe court beaucoup moins de
» danger en marchant réunie qu'en prenant la fuite. Certes,
» les meilleures troupes sont souvent obligées de battre en
» retraite devant des forces plus considérables ; mais elles
» doivent le faire en bon ordre, et ne jamais se laisser enta-
» mer. Tout en cédant du terrain, elles doivent marcher de
» manière à infliger à l'ennemi des pertes quelquefois plus
» sensibles que dans un mouvement offensif. En résumé, la
» discipline étant la première des vertus militaires, vous ne
» subirez jamais de désastres si vous êtes disciplinés.

» Je ne veux pas me séparer de vous sans donner quel-
» ques larmes de regrets à ceux de nos camarades tombés
» bravement et morts courageusement pour la défense de la
» patrie. L'un d'entre eux, le capitaine Bardinet, qui avait
» mérité toute mon estime et su gagner mon affection, doit
» être cité en première ligne.

» Ce brave et jeune officier au cœur noble et généreux,
» aux sentiments patriotiques fortement accentués, a suc-
» combé en véritable héros. Que cette mort glorieuse nous
» serve d'exemple, et que nous sachions tous, pendant cette
» campagne, faire abnégation de nous-mêmes pour con-
» tribuer à chasser l'ennemi du sol de notre belle France.

» Illustres compatriotes morts au champ d'honneur !.....
» Vos noms en traversant le sépulcre ont pénétré dans l'im-
» mortalité, consacrés par l'histoire dans la Haute-Vienne,

» ils resteront comme les brillants jetés dans la postérité,
» pour y rehausser l'éclat de la vertu et la gloire de la
» patrie.

» Limoges, le 30 décembre 1870.

» *Le lieutenant-colonel commandant le 71º de la*
» *garde mobile,*

» Signé : PINELLI. »

Le 1ᵉʳ janvier nous arrivions le soir au Mans qui était
encombré de troupes, et dès le lendemain plusieurs des nôtres
furent atteints de la petite vérole qui sévissait dans l'armée.

Le 2 janvier, on nous réunit de bonne heure sur la grande
place, près d'une promenade, et on y compléta nos compa-
gniesde quelques nouvelles recrues qu'on n'avait pas eu le
temps d'incorporer à Limoges. Elles appartenaient pour la
plupart à, la classe de 1870 dont l'appel venait d'être devancé,
et on les répartit de façon à porter l'effectif de chaque compagnie à 145 hommes. Ensuite on nous envoya à l'état-
major de notre division à 2 kilomètres de la ville, qu'on nous
fit encore traverser, pour aller prendre position à deux lieues
en avant ; la 3ᵉ et la 4ᵉ compagnies du 1ᵉʳ bataillon furent cantonnées dans un petit village appelé les Rossets, où nous
étions plus nombreux que les habitants. En outre il était fort
pauvre et nous y aurions probablement trouvé la famine, si
les distributions n'avaient été faites alors régulièrement.

La position des Rossets domine le pays qui est coupé de
haies et de chemins creux. De ce côté il y avait aussi de
grands bois de sapins entourant le château de La Busardière
où était un détachement de cavalerie. Ce terrain convenait
mieux que la Beauce à une guerre défensive, atténuant la
snpériorité d'un ennemi à la fois plus nombreux et mieux
armé. C'était celui sur lequel les chouans avaient si longtemps
combattu, et on pouvait s'en servir à leur exemple.

Nous quittâmes Les Rossets le 5 janvier de bonne heure
pour retourner au Mans où nous n'arrivâmes qu'assez tard
après avoir fait une longue halte à mi-chemin. Le 1ᵉʳ bataillon passa la nuit sous une grande halle, en attendant qu'on
put prendre le chemin de fer. Il faisait horriblement froid, et
tous les hôtels avaient été fermés par ordre. On nous embar-

qua dès qu'on le put pour Château-Renault où nous n'arrivâmes que le lendemain matin quoique nous n'ayons eu à parcourir qu'environ 120 kilomètres. Il est vrai que nous étions restés longtemps à Dissay-sous-Courcillion à 40 kilomètres du Mans.

On nous fit rapidement traverser la petite ville de Château-Renault, où nous pensions rencontrer l'ennemi, et nous continuâmes jusqu'au village du Boulay, qu'occupaient déjà les mobilisés de Maine-et-Loire. Leur colonel prit le commandement supérieur ; c'était un ancien officier qui sut nous inspirer confiance. Il mena le lendemain le régiment, qui avait quitté le Mans par plusieurs trains successifs, prendre position à Château-Renault, où nous assistâmes à un succès de nos troupes. L'action dura jusqu'à la nuit, et on fit quelques prisonniers. Nous n'eûmes point à aller au feu, quoique le colonel nous eut recommandé de nous tenir prêts à marcher au premier signal. Le soir même on nous fit retourner au Boulay.

Le 7 janvier la 3e et la 4e compagnie du 1er bataillon furent envoyées de grand'garde à Monthodon, ou nous étions à 20 kilomètres environ de Vendôme. Ceux qui nous précédèrent et ceux qui nous suivirent dans ces positions eurent avec l'ennemi des luttes sanglantes ; pour nous, nous ne devions voir que quelques uhlans qui s'enfuirent à notre approche.

Nous rencontrâmes le jour suivant, dans une ambulance, des blessés d'une compagnie de l'Isère presqu'entièrement détruite la veille de notre passage à Monthodon ayant été surprise par l'ennemi auquel une vieille femme servait de guide.

Le 9 janvier, dès la pointe du jour, on nous fit quitter Le Boulay. Après une longue marche que la neige avait rendue des plus pénibles nous arrivâmes à Rouziers, près de la station de Saint-Antoine-du-Rocher, sur la ligne du Mans à Tours, à environ 20 kilomètres de cette dernière ville. En route, nous fûmes rejoint par les deux autres bataillons du régiment qui venaient de Château-Renault et qui arrivaient avec le nouveau lieutenant-colonel, c'était le comte de Beaumont qui avait précédemment commandé un bataillon de Mobiles d'Indre-et-Loire.

La nuit se passa tranquillement ; mais il fallut rester sous les armes toute la journée du lendemain. Pendant que nous étions à Château-Renault, trompés peut-être par l'ennemi qui nous laissait un succès facile pour mieux nous attirer, les Prussiens se concentraient autour du Mans et cherchaient à nous couper la route. Il fallait battre en retraite le plus tôt possible, pour ne pas être enveloppés.

A Rouziers nous eûmes à supporter une vraie tempête de neige ; ce fut peut-être ce qui nous sauva, car l'ennemi, rendu audacieux par ses victoires et disposant de forces supérieures, nous cernait, paraît-il, de tous côtés. On nous fit partir à la tombée de la nuit, au milieu de la tourmente, par le seul chemin qu'on croyait libre.

La neige qui nous aveuglait avait tout nivelé et notre guide, bien qu'étant du pays, pouvait à peine retrouver sa direction. A chaque instant il fallait s'arrêter pour sonder le terrain.

Nous passâmes sans encombre à Neuillé-Pont-Pierre, station du chemin de fer, à 28 kilomètres de Tours, qu'on croyait fortement occupé par l'ennemi et nous arrivâmes à Dissay-sous-Courcillon après plus de dix heures de marche.

Peut-être avions-nous couru moins de danger qu'on ne le supposait, car l'imagination exagère ou diminue les faits d'après l'état des esprits. Notre marche du lendemain pourrait en fournir un exemple.

Nous devions continuer jusqu'à la station d'Ecommoy, à 18 kilomètres du Mans ; mais on disait que l'ennemi s'y trouvait en force. On nous fit donc rebrousser chemin à Mayet, abandonnant la ligne du chemin de fer pour aller passer la nuit à Pontvalain. Cependant l'ennemi se laissa surprendre à Ecommoy abandonnant même son dîner aux francs-tireurs des Deux-Sèvres.

Notre longue marche à travers la neige de Rouziers à Pontvalain avait amené, outre la fatigue, quelques cas de congélation. Il y en eut moins cependant parmi nous que parmi les cavaliers qui nous accompagnaient quoiqu'ils n'eussent pas été obligés de mettre les pieds dans la neige.

Le rapport du colonel Pinelli nous manque pour la fin de ce travail ; mais il nous reste les « étapes » du capitaine Blanchaud auxquelles nous empruntons le récit qui va suivre :

« Le 9 janvier, dit-il, vers 6 heures, le défilé commença » pour sortir de Château-Renault. C'est en vain que les

» chefs de corps avaient représenté au général de Curten, qui
» remplaçait depuis l'avant-veille le général Bourdillon
» qu'un départ précipité allait mettre le comble à la fatigue
» et à l'épuisement de leurs troupes. Quelques régiments
» notamment 2 bataillons du 71e mobile étaient privés depuis
» 2 jours de distribution de vivres.

» On disait que l'ennemi s'était contenté de nous amuser
» par des démonstrations sans importance; en un mot que
» nous étions tournés, comme toujours...

» A quelques kilomètres de Château-Renault, commença
» à tomber une neige si épaisse qu'elle nous aveuglait. L'ar-
» tillerie et les fourgons encombraient le chemin, et nous for-
» çaient à de courtes haltes plus fatiguantes que la marche.

» Nous avions pris la grande route de Neuillé-Pont-Pierre,
» qu'on nous avait fait quitter au bourg de Saint-Laurent
» pour descendre sur Nouzilly et Rouziers, à travers la forêt
» de Beaumont. Nous n'avions pas fait plus de 28 kilomètres
» quand nous arrivâmes à destination ; mais ils comptaient
» double, par l'épouvantable bourrasque qui s'était abattue
» sur nous.....

» La nuit et la matinée qui suivirent notre arrivée à
» Rouziers furent assez calmes; mais dans l'après-midi nous
» dûmes subir une prise d'armes de 5 heures, les pieds dans
» la neige, entendant annoncer à tout moment les coureurs
» de l'ennemi. Une illusion d'optique par cette journée bru-
» meuse nous les montrait dans le tronc lointain de quelque
» vieux pommiers, ou dans quelques buissons agités par le
» vent. »

C'est le soir de cette journée que commença, dès huit
heures, la pénible retraite qui ne devait se terminer qu'à
Laval.

» Pour comble de misère, continue le capitaine Blanchaud,
» le guide qui nous conduisait par des chemins de traverse,
» en vint à ne plus se reconnaître au sortir d'un grand bois
» d'où nous débouchâmes dans la plaine. Elle était coupée
» de clôtures invisibles, auxquelles on se heurtait à tout coup
» au milieu d'une profonde obscurité. »

Une partie du régiment s'arrêtait à Château-du-Loir vers
4 heures du matin, tandis qu'on nous faisait rester en arrière
à Dissay-sous-Courcillon. Notre avant-garde quittait Château-

du-Loir dès 8 heures du matin, suivant un chemin vicinal très accidenté et couvert, en certains endroits, d'une forte couche de neige ; il avait fallu le préférer à la route nationale qu'on croyait occupée par l'ennemi. En arrivant à Pontvalain nous avions fait, en 24 heures et pour ainsi dire sans nous arrêter 67 kilomètres. Nous le quittâmes cependant avant le jour pour aller en colonne du côté d'Ecommoy.

Dans cette marche, on nous fit traverser de grands bois de sapins et on nous mit plusieurs fois en bataille. Cela permit à nos convois de prendre les devants pour aller à La Suze qui n'est éloigné du Mans que de 18 kilomètres. Dès que le passage fut libre, on nous fit rebrousser chemin pour suivre la même direction.

Les premières troupes que nous rencontrâmes à La Suze, venaient de combattre, et c'est d'elles que nous apprimes le nouveau désastre de nos armes.

Notre jonction était faite avec l'armée du Mans dont la 3º division du 16º corps, à laquelle nous appartenions, allait couvrir la retraite sous les ordres du général de Curten. Notre compagnie ne resta pas à La Suze, qui était encombré de troupes. Elle fut détachée de grand'garde, à 2 kilomètres en avant du village de Roizet, où elle passa la nuit.

Le lendemain on se dirigea sur la Flèche où on arriva sans incident bien que l'ennemi nous suivit de très près. Les habitants nous accueillirent très bien, et l'auteur de ces lignes doit à leur bonne hospitalité de n'avoir pas été obligé de rester en route comme bien d'autres.

Nous ne trouvions guère, pendant cette triste retraite que de la graisse qu'on étendait sur le pain, quand on en avait, et quelques fonds de conserves appelées rillons dans le pays. Nous étions les dernières troupes qui passaient et nos prédé-cesseurs avaient, assurait-on, tout épuisé. Quant aux vivres de réserve, il n'y fallait pas songer ; nos biscuits pouvaient au besoin remplacer les projectiles. Avec cela, il fallait sans cesse marcher, s'arrêtant quelquefois longtemps dans la neige, sans pouvoir faire de feu ou étant obligé de l'abandonner dès qu'il était allumé.

La ville de La Flèche est dominée par des hauteurs qui en rendent la défense impossible ; aussi, était-ce là, paraît-il, que l'ennemi, avait l'espoir de renouveler contre nous le désastre de Sedan.

En quittant La Flèche, on nous fit faire bien des détours qui ne nous permirent d'arriver que le soir à Sablé. Nous restâmes ainsi toute une journée pour franchir une distance d'environ cinq lieues; il est vrai que notre extrême arrière-garde avait eu, pendant la marche, un petit engagement.

Sablé ne devait pas être le terme de notre étape. A peine y étions-nous entrés qu'on nous dirigea sur la droite longeant la Sarthe jusqu'à Solesme, où se trouve une célèbre abbaye de Bénédictins. Malheureusement, nous n'étions guère en état d'admirer les arts ou la belle nature ; la fatigue nous absorbait et les loisirs allaient nous manquer.

Il fut un moment question de passer la journée du dimanche à Solesme. Les bons religieux nous préparaient une messe militaire solennelle, et des distributions plantureuses annonçaient l'abondance; mais il fallut tout quitter en grande hâte. A 9 heures arriva l'ordre de partir pour Sablé, ou nous trouvâmes toute la division en mouvement. Au sortir de la ville, on nous mit en bataille et le général de Curten vint nous encourager annonçant que nous allions combattre. Il n'en fut rien cependant, et après quelqu'attente on nous remit en marche pour aller à Laval.

Nous suivions une route moins belle et moins directe que celle qu'on prend ordinairement ; mais elle permettait de mieux protéger la retraite par une marche de front. L'ennemi nous suivait de très près ; car il entra dans Sablé juste au moment où nous le quittions, nous prenant même quelques trainards.

Après nous être arrêtés bien des fois, nous arrivâmes en pleine nuit à un petit village appelé Chemeré-le-Roi. Comme on craignait qu'il ne fut occupé, notre compagnie fut chargée de le fouiller avant d'y faire halte. Nous y passâmes quelques heures tantôt dehors au milieu de la neige, tantôt dans des chaumières plus ou moins auprès du feu. Puis on nous remit en route, cette fois pour arriver à Laval; mais ce ne fut pas sans peine. Il fallut s'arrêter plus souvent que jamais, pour se former en bataille, et les cavaliers ennemis nous accompagnèrent jusqu'à Forcé à 5 kilomètres de la ville. Mal en prit à ceux qui s'avancèrent trop; car ils perdirent un capitaine dont le corps fut réclamé le lendemain.

Nous arrivâmes à Laval le 16 janvier, un peu avant la nuit. Là devait se terminer la retraite de la 2ᵉ armée de la Loire.

4

Le 71° Mobile y figure avec honneur, étant toujours à l'arrière-garde et supportant sans se laisser entamer les plus dures misères. Les circonstances l'empêchèrent seules de prendre part à divers combats, comme la Mobile de l'Isère avec laquelle nous faisions brigade. Au reste, les rapports militaires rendent pleine justice aux troupes qui accompagnèrent le général de Curten dans sa marche aussi habile qu'heureuse.

On délibérait sur le sort de Laval, quand nous y arrivâmes à la tombée du jour. Il fallut attendre assez longtemps, pour qu'il nous fut permis d'entrer dans la ville où aucune ressource ne nous fut assurée. L'inquiétude et le découragement y régnaient partout, et les habitants cachaient ou emportaient ce qu'ils avaient de plus précieux. L'accès auprès de toute autorité était interdit à ceux qui allaient sauver Laval de l'invasion étrangère et ils étaient réduits à y errer. Enfin nous pûmes découvrir une fabrique abandonnée, où la compagnie s'installa. Voici le tableau qui fait de notre entrée à Laval le capitaine Blanchaud :

« Nous y arrivâmes, dit-il, éreintés, trempés et morfondus.
» Des rues étroites, des faubourgs uniformément mal éclairés
» et dont la moitié des maisons étaient désertes ; des places
» encombrées de voitures d'ambulance et de convois ; deux
» ponts qu'on mine ; une rivière grondeuse dont les eaux
» frappent à grand bruit les parois des quais où s'échelonnent
» les canons, les caissons et les prolonges ; une foule com-
» pacte, affamée et crottée d'officiers, de voiturins requisi-
» tionnés et de soldats de toutes armes ; enfin, comme nour-
» riture, des débris de victuailles sans nom ; voilà, conclut-il,
» tout ce que j'ai vu à Laval le soir du 16 janvier 1871. »

« Heureux mortels ! » pouvons-nous dire ; car il fallut nous coucher sans manger, sans même avoir à partager « un matelas arraché à la dure couchette de camarades. »

Le lendemain au point du jour, nous étions sur la grande place, où rendez-vous avait été donné. Là, il fut encore mieux possible que la veille de se rendre compte du désarroi qui régnait autour de nous. On minait les ponts, pendant qu'ils étaient encombrés de troupes et de voitures traversant la Mayenne pour prendre la route de Rennes sur laquelle on disait que nous allions encore protéger la retraite.

En attendant, on nous appelait pour déménager des magasins qu'on désespérait de sauver : c'est ainsi que nous eûmes des bidons qui nous avaient manqué jusqu'alors. On trouva aussi des peaux de biques, dont quelques-uns des nôtres s'affublèrent, moins par fantaisie que pour cacher leurs haillons.

Nous restions sous une pluie battante, voyant passer tout le monde pour demeurer les derniers.

Depuis trois jours, Laval avait vu arriver les débris du 17e corps dans le plus grand désordre ; puis le 16º dont nous formions l'extrême arrière-garde. Il était sous les ordres de l'amiral Jauréguiberry, qui venait d'avoir son cheval tué sous lui au combat de Saint-Jean-sur-Erve, et c'était pour le rejoindre que, marchant au canon, le général de Curten avait exécuté la pénible retraite qui nous avait conduits à Laval. Nous y arrivions malgré les Prussiens, la neige et mille privations, sans avoir perdu ni une pièce d'artillerie, ni une voiture, ne laissant en arrière que 4 à 500 hommes, dont le plus grand nombre purent encore nous revenir.

Enfin arriva l'ordre de se mettre en marche. C'était pour rebrousser chemin et aller à Forcé, jusqu'où les éclaireurs ennemis nous avaient suivis la veille. Au moment où nous traversions la Mayenne, dont les ponts retentissaient des coups des mineurs chargés d'en faciliter la destruction, nous vîmes arriver plusieurs de nos blessés de la bataille de Loigny, notamment le capitaine Loupias et le lieutenant Mazabraud qui venaient reprendre au milieu de nous le poste de l'honneur.

Le mouvement qu'on nous faisait exécuter et qui devait sauver Laval, n'était pas sans danger pour le 71º mobiles qui formait les extrêmes avant-postes ; car si l'ennemi nous offrait la bataille nous devions combattre sans pouvoir espérer de sérieux renforts ; les débris de la 2e armée de la Loire ne paraissant guère alors mieux en état de rentrer en ligne que ceux de la 1re à Salbris.

Notre avant-garde arriva le soir à Forcé, délogeant quelques éclaireurs ennemis pendant que nous attendions sur la route prêts à tout événement. Nous n'eûmes cependant qu'à passer une fort mauvaise nuit, dans un endroit appelé La Ville-en-Bois à environ trois kilomètres de Laval.

On nous y avait postés dans une petite maison transformée en corps de garde. Le temps était très froid, et le jour fut long à attendre tantôt dehors, tantôt sur une chaise auprès d'un poêle insuffisant. En surveillant la route, nous eûmes l'occasion d'arrêter plusieurs individus qui avaient l'idée plus que suspecte de circuler la nuit au milieu des avant-postes. Quelques-uns furent reconnus pour des déserteurs, et on envoya le tout en bloc à Laval.

Le lendemain, 18 janvier, on se mit en ligne de bonne heure et il fallut rester ainsi presque toute la journée ; l'ennemi attaquait Laval sur lequel il envoyait une forte reconnaissance.

Au lieu de se diriger sur nous, qui étions les plus avancés, il marchait sur la gare où il trouvait encore les mobiles de l'Isère. Ainsi notre brigade eut encore l'honneur de repousser les Prussiens dans ce dernier engagement.

L'ennemi, qui croyait sans doute entrer à Laval sans coup férir, se retira après une heure de combat nous abandonnant le champ de bataille sur lequel il ne laissait ni armes, ni blessés. Ses forces, qu'il n'engagea que partiellement, paraissent avoir été de 10,000 hommes avec de l'artillerie. Nous l'avions attendu rangés le long du talus de la route, et couverts par des tirailleurs dont quelques-uns purent faire le coup de feu.

Le lendemain, notre compagnie fut désignée pour être de grand'garde. Comme son effectif avait peu diminué en dépit de nos fatigues et de nos souffrances, on lui fit faire un double service en la divisant par moitié. Le lieutenant Roudaud fut envoyé sur le chemin de Bazougers, par lequel nous étions arrivés à Laval, tandis que le capitaine allait à un kilomètre en avant de Forcé sur la route nationale s'établir dans une petite ferme appelée La Raterie. Nous étions là près d'une tranchée qui barrait la route de Sablé que nous avions mission de défendre.

A peine étions-nous arrivés qu'on découvrit des canons de fusils sous la cendre encore chaude qu'avait dû produire la combustion de leurs crosses. Etait-ce l'œuvre de Prussiens ou de déserteurs ? C'est ce qu'il fut impossible d'approfondir car on était avare de renseignements avec nous.

Un homme se vantant d'être ancien militaire ayant dit que les Prussiens venaient à chaque instant chez lui tout près de nos cantonnements, nous le priâmes de nous avertir à l'occasion. Cela le fit taire, et il ne voulut plus rien raconter ; l'esprit belliqueux des chouans avait peine à se réveiller chez notre interlocuteur.

Les fusils que nous avions trouvés étaient presque tous des chassepots et ils ne devaient pas être les seuls mutilés de la sorte. Nous pûmes en rassembler ainsi vingt-deux que nous envoyâmes, avec leurs accessoires, au commandant du régiment.

La matinée du 19 janvier ne devait pas être exempte d'émotion ; on vint nous annoncer qu'une colonne ennemie de 40,000 hommes environ arrivait sur nous. Les militaires qui travaillaient à la tranchée se retiraient, et nous restions environ 60 hommes (1) pour la défendre. Dans le cas probable où nous ne serions pas secourus, nous avions à dos la Joigne, affluent de la Mayenne, qui charriait des glaçons et dont le pont était miné ; nous l'aurions certainement trouvé détruit s'il avait fallu battre en retraite devant l'ennemi. Nous faisions de notre mieux, tâchant d'utiliser les haies et les accidents de terrains assez fréquents où nous étions quand arriva un caporal apportant l'ordre de retourner immédiatement à Forcé. Bientôt survint un nouvel ordre, disant que nous devions rester à La Raterie, où nous demeurâmes tranquillement jusqu'à ce qu'on vint nous rappeler. Les 40,000 Prussiens restèrent en route et nous n'avons jamais pu savoir l'origine de la nouvelle à sensation qui les concernait.

Le soir, on nous fit prendre auprès de La Ville-en-Bois un cantonnement que nous occupâmes jusqu'à l'armistice. Nous étions dans une petite maison de campagne qui s'effondrait sous nos pas, et dont le propriétaire a peut-être accusé nos mobiles d'un méfait dont ils étaient certainement plus innocents que ses maçons.

Nous fûmes encore deux fois de grand'garde ; la première il fallut rester sous les armes de midi jusqu'à minuit au milieu de la neige, avec défense d'allumer du feu, de peur de servir de point de mire à l'ennemi.

---

(1) Notre compagnie n'aurait donc laissé que 20 hommes en arrière pendant les pénibles marches que nous avions faites et qui en avaient éprouvées tant d'autres, au point que, comme le rapporte le capitaine Blanchaud, « le tour de faction y arrivait pour chaque homme à 6 heures d'intervalle. »

Le 25 janvier on nous envoya sur la route de Bazougers où nous arrivâmes juste après que les hussards de la mort eussent enlevés deux sentinelles à nos prédécesseurs. Les deux malheureux avaient été garrottés, puis liés solidement à la selle des cavaliers qui s'éloignèrent au grand trop en les entrainant ; mais ils furent heureusement délivrés par les chasseurs d'Afrique après avoir été abandonnés par les hussards dont ils retardaient la fuite. Nous étions chargés d'appuyer une reconnaissance de francs-tireurs et de cavaliers qui ne fut de retour que le lendemain. Pendant que nous l'attendions le canon se mit à gronder, ce qui nous fit croire qu'il s'agissait sinon d'une bataille, du moins d'un engagement sérieux. C'était tout simplement l'exercice à feu qu'on faisait faire à nos artilleurs, oubliant, d'avertir les avant-postes.

La reconnaissance arriva enfin, ramenant quelques prisonniers dont un était à cheval. Nous le fîmes arrêter pour reconnaître son uniforme qui, bien qu'il fut en dessous très différent de celui des nôtres, lui ressemblait à s'y méprendre avec le manteau bleu que la saison forçait à porter. Nous regagnâmes le soir notre cantonnement de la Ville-en-Bois, où nous vimes un mouvement qui semblait présager une bataille imminente. Il avait été un moment question de nous embarquer pour faire la guerre en Normandie ; mais il semblait certain qu'on avait changé d'avis pour attendre l'ennemi en avant de Laval. On se préparait en conséquence, et plusieurs commandants de compagnie avaient déjà reçu l'ordre d'étudier le terrain et de réquisitionner des outils afin de construire des abris pour leurs tirailleurs. On nous fit, comme avant la bataille de Loigny, des distributions de faveur. Cette fois au lieu d'eau-de-vie on nous donna des conserves qui firent à notre régime ordinaire une heureuse diversion.

Le 28 janvier, on distribua des capotes destinées d'après leurs boutons aux mobilisés. Elles étaient de bonne qualité, et après nous avoir servi jusqu'au licenciement, elles purent être versées dans les magasins.

Le lendemain, on nous fit rentrer dans Laval où la nouvelle de l'armistice était affichée ; c'était pour nous la fin de la guerre.

Du 29 janvier jusqu'au jour où on nous renvoya dans nos foyers nous n'eûmes plus à faire que quelques exercices et souvent des marches assez rudes.

Après nous être reposés à Andouillé, près de Laval, on nous remit en marche pour parcourir encore à pied environ 200 kilomètres. Nous passâmes près de Château-Gonthier, au Lion-d'Angers, à Angers, au Pont-de-Cé, près de Saumur, à Doué, Moncontour et Saint-Jouin-de-Marnes. Enfin, nous arrivâmes, au bout de neuf jours de marche, à Dissais-sur-Vienne, ayant fait séjour à Doué où on se reposa le dimanche. Nous restâmes à Dissais, du 21 février au 26, jour où expirait l'armistice.

Dans la nuit qui le précéda, nous reçûmes l'ordre de nous préparer à marcher. On nous fit partir de bonne heure et nous arrivâmes à Châtellerault vers midi. Avant d'entrer dans la ville, le colonel Thierry, qui commandait la brigade harangua les officiers, leur désignant les postes qu'ils devaient occuper. Nous devions nous porter au confluent de la Creuse et de la Vienne, en avant des Ormes, du côté de Port-de-Piles, où étaient les Prussiens.

L'armistice expirait à minuit, et il fallait pouvoir être en ligne au premier signal. Le soir la nouvelle de la conclusion de la paix fut annoncée dans la ville ; notre rôle militaire était fini et nous n'avions plus qu'à attendre notre prochain retour dans nos foyers.

Le patriotisme Limousin pendant la guerre de 1870-71

SIMPLES NOTES

I

La France ne voulait pas la guerre. Ce n'est pas que le sang de notre race valeureuse se fut refroidi dans les veines des fils des braves soldats d'Afrique, de Crimée, d'Italie, mais nous étions atteints dans la belle confiance que nous avions jadis en nous-mêmes — confiance qui était symptôme de force et cause de force. — La désastreuse expédition du Mexique nous avait montré que, toujours braves, nos soldats pouvaient n'être pas toujours vainqueurs. Le pays tout entier avait frémi lorsqu'un Ministre avait parlé, à l'occasion de Sadowa, des « angoisses patriotiques » du Gouvernement, et, ces angoisses patriotiques, tous les Français les avaient éprouvées ! D'autre part, on pressentait que l'adversaire était prêt. Les énormes canons d'acier poli exposés par la maison Amstrong, en 1867, avaient fait quelque impression sur les innombrables visiteurs de l'Exposition auxquels l'industrie française n'avait rien montré de pareil (1)... L'opinion publique montrait quelque scepticisme à l'égard des mitrailleuses autour desquelles une réclame, par trop officielle, avait été faite... et puis on savait les effectifs des corps affaiblis, on soupçonnait les magasins démunis, les arsenaux vides... Le pays était saisi de la crainte que cet effort suprême sur lequel nous comptons toujours, fut impuissant à nous sauver !

Cette crainte, certains parmi les plus braves la partageaient ; le colonel Ardant du Picq, ce type resté si populaire chez nous, de l'officier français, prenant congé d'une dame dont le frère, officier aux voltigeurs de la garde, son ami de lycée, avait trouvé la mort en Crimée, se laissa aller à prononcer ces paroles découragées : « Je vous fais mes adieux... C'est adieu qu'il faut dire à nos amis... Hélas ! nous serons battus, si complètement battus, qu'il ne faut pas que nous revenions... nous ferons notre devoir, nos soldats seront braves, mais la partie est perdue d'avance, tout ce que nous pouvons faire, c'est de mourir. »

---

(1) Curieux rapprochement : Le propos suivant a été tenu à M. Jules Clarétie par un officier prussien : « Nous avons exposé chez vous nos canons d'acier. Votre comité d'artillerie a haussé les épaules et vos artilleurs se sont mis à rire. (*Le champ de bataille de Sedan.*)

Ces craintes étaient plus générales qu'on ne serait tenté de le croire parmi les officiers ; naturellement, ceux-ci les dissimulaient avec le plus grand soin, ces craintes dépri-mantes, mais, malgré tout, de cet état d'esprit, il transpirait quelque chose dans le public et — vaguement — le public comprenait que la guerre qui commençait ne serait pas une guerre comme celle de Crimée... comme celle d'Italie.

Nous n'étions pas prêts (1), les officiers le savaient, certes ! mais lorsque nous avions commencé les guerres précédentes étions-nous prêts davantage ? non, et cependant nous étions sortis victorieux de ces entreprises hasardeuses et hasardées ! mais en 1870, les gens du métier considéraient que la situation se trouvait être bien différente de ce qu'ele avait été en 1854 et en 1859, les Russes, les Autrichiens étaient-ils plus prêts que nous lorsque nous nous étions mesurés avec eux ? la chose paraissait douteuse, tandis que, on en avait le pressentiment, il en était tout à fait différemment des Prussiens en 1870 ; la supériorité de leurs institutions militaires était si évidente à nos yeux, que nous avions sérieusement voulu les imiter, d'ailleurs simple velléité, la garde nationale mobile avait seulement reçu... sur le papier, un commencement d'orga-nisation ; d'autre part nous soupçonnions, et depuis long-temps déjà, dans l'Allemand, l'ennemi héréditaire, jaloux, implacable, acharné à notre ruine, rêvant notre anéantisse-ment ; malgré la lâche duplicité de la race, les innombrables « Têtes carrées » qui venaient chez nous exercer tous les métiers se laissaient souvent aller à prononcer des paroles de haine contre les Français. A Paris, les rixes étaient fréquentes entre ouvriers français et ouvriers allemands. En somme, des symptômes de toutes sortes, venaient justifier

(1) Un écrivain militaire qui fait autorité, M. le général Thoumas, notre compatriote, constate dans ses *Souvenirs de Crimée* que « à la veille de la guerre d'Orient aucun préparatif sérieux n'ayant été fait, il ne faut pas s'étonner que la précipitation avec laquelle l'armée dût être expédiée ait amené le désordre qui a caractérisé le commencement de l'expédition » et il ajoute : « Cette même précipitation et ce même désordre, si différents de l'esprit de méthode avec lequel avaient été préparées jusque-là nos entre-prises lointaines, telles que les expéditions d'Egypte, d'Angleterre (camp de Boulogne) et d'Alger, on devait le retrouver au début de la campagne d'Italie en 1859 et les payer cher dans la funeste guerre de 1870. »

Et « cependant, remarque encore le général Thoumas, toute l'année 1853 avait été remplie par des incidents diplomatiques, précurseurs d'une hostilité ouverte. »

des inquiétudes, qui, dès les débuts de la guerre, tourmentaient les plus forts (1).

Dès les premiers jours — après la déclaration de guerre — un observateur aurait pu constater que les choses ne se passaient pas comme jadis. A Paris, la population était devenue nerveuse, irritable, singulièrement mobile : on a vu la foule entourer, bousculer, frapper même des individus faisant partie de groupes soupçonnés d'être formés de « blouses blanches » d'où partait le cri : « A Berlin », et ce cri, hélas ! bien prématuré ; la même foule se mettait à le pousser avec enthousiasme presque avec fureur, si un alerte régiment venait à passer en tenue de campagne, drapeau déployé, tambours battants, clairons sonnants.

Mais la note qui dominait était triste, comme attendrie, et à la gare de l'Est, la voix de la foule, au moment du suprême adieu, donnait l'impression poignante d'un sanglot étouffé ; le peuple sentait que ce dernier salut, il l'envoyait à ceux qui allaient mourir... Et puis aussi, instinctivement, tous comprenaient que la Patrie avait besoin de tout le dévouement, de toute la bravoure de ses enfants ; cette bravoure, ce dévouement, on leur demandait de les avoir surhumains par ces vivats exprimés parfois sur un ton où l'on sentait la supplication, la prière...

---

(1) Au sujet des dispositions implacables des Allemands, l'extrait suivant emprunté à une lettre écrite par M. Jules Claretie, à un de ses amis de Limoges et insérée dans le journal la *Défense Nationale* me paraît intéressant à reproduire.

« ... Cet ennemi que j'ai vu de près, qui, deux fois, m'a fait prisonnier est incroyablement fort. C'est un peuple de mathématiciens et de lourdauds, d'ingénieurs sinistres qui se sont rués sur nous. Tu ne te fais pas une idée de la froideur résolue de ces gens. Enfin, courage, espoir, et le fusil au poing, gagnons une paix honorable. »

Dans un article inséré dans la *Revue des Deux-Mondes*, numéro du 1er janvier 1871. — Le *champ de bataille de Sedan*, — M. Jules Claretie fait encore la remarque suivante : « La flamme qui couvait éternelle, se réveillait menaçante à certaines heures, et l'on ne peut lire sans amertume, aujourd'hui, les vers qu'un homonyme du vieux Arndt lança sur l'Allemagne au moment où notre armée battait à Magenta et à Solférino les soldats de l'Autriche, alors, membre de la Confédération germanique. En des jours où nous n'avions que des sentiments sympathiques pour l'Allemagne, en 1859, l'Allemagne, répétait déjà ou plutôt répétait encore ce refrain farouche : « Au Rhin ! au Rhin ! que l'Allemagne tout entière déborde sur la France. »

Rien de pareil ne s'était vu en 1854, en 1859 au moment des guerres de Crimée et d'Italie...

En 1854, le 61ᵉ de ligne, alors en garnison à Limoges, quitta cette ville sans que ce départ ait donné lieu à aucune manifestation patriotique remarquable. Nos concitoyens réservèrent leur enthousiasme pour les victoires remportées par nos armées. Par exemple, la nouvelle de notre succès à l'Alma fut reçue à Limoges par des acclamations populaires non équivoques, que les journaux de l'époque prennent soin de noter (1).

Il convient de rappeler la magnifique réception que nos compatriotes firent, à la fin de la guerre, au 28ᵉ de ligne, qui venait tenir garnison à Limoges, où il avait déjà eu ses quartiers à l'époque du premier Empire. En 1855, il y avait encore à Limoges un certain nombre de vieillards qui avaient fait partie du 28ᵉ, notamment M. Vacquand, qui figura à la réception de son ancien régiment. M. Vacquand, que les personnes déjà d'un certain âge se rappellent encore, avait le grade de capitaine à la fin de l'Empire; il aimait à raconter qu'un jour qu'il était venu apprendre une fâcheuse nouvelle à Napoléon Iᵉʳ, qui tisonnait tranquillement son feu, l'empereur, emporté par un mouvement de vivacité un peu... hasardé, frappa notre compatriote d'un coup de pincettes dont celui-ci n'était pas médiocrement fier.

En 1859, la population de notre ville accompagna à la gare, en le saluant de ses acclamations, le 22ᵉ de ligne, partant pour l'Italie. Ce régiment, au grand complet de guerre, présentait un fort bel aspect : dans les bravos de la foule, il y avait donc, un sentiment d'orgueil patriotique, qui, hélas, n'eût pas été aussi bien justifié en 1870, même au début de la guerre. En 1859, le départ des rappelés donna lieu aussi à une belle manifestation, mais bien que ces soldats fussent tous des compatriotes, les adieux que leur fit la foule n'eurent pas ce sentiment d'émotion qui, en 1870, caractérisèrent la tenue et les acclamations de la population de Limoges, assistant au départ des troupes.

---

(1) Un de nos compatriotes, qui malheureusement voulut garder l'anonyme, improvisa pendant la nuit qui suivit le jour où l'on apprit à Limoges la victoire de l'Alma, une pièce de circonstance qui, répétée en 24 heures, fut jouée au théâtre de Limoges à plusieurs reprises; — l'art dramatique au pas de charge !

Le 19 juillet 1870, à six heures du matin, le 10ᵉ régiment de dragons quittait Limoges ; malgré l'heure matinale, la population de notre ville voulut accompagner ces soldats dont la fière tenue semblait de nature à raffermir la confiance des plus pessimistes. La veille au soir, les membres du Cercle de l'Union avaient offert un punch aux officiers du corps.

La note suivante, publiée par le *Courrier du Centre* dans le numéro où il rend compte du départ du 10ᵉ, me semble devoir être reproduite.

« Limoges a eu, lui aussi, pendant quelques jours sa fièvre guerrière, ses départs et ses arrivées de troupes, ses chants de la *Marseillaise* et des *Girondins*.

» Avant-hier, un de nos amis rencontrait sur la route de Saint-Priest-Taurion une charrette chargée de soldats rejoignant leurs corps ; le conducteur tenant un violon à la main et s'occupant peu des rênes, jouait tous les airs belliqueux qui lui revenaient à la mémoire. »

L'anecdote n'est-elle pas jolie ? Il y a là comme un souvenir, je dirais volontiers, un parfum de l'époque héroïque où nos bataillons de volontaires couraient vers la frontière pleins de bravoure et aussi de vaillante gaieté. Le fait relevé plus haut ne fut certainement pas un fait isolé, quelques recherches en feraient sans doute trouver beaucoup de semblables, et à faire ces recherches, ce ne serait pas temps perdu, on y reconstituerait l'histoire intime du patriotisme limousin, malheureusement l'espace manque ici, et puis l'incident est gai, et s'il peut être introduit — isolé — dans cette modeste étude publiée dans un livre consacré — surtout — à nos morts de l'année terrible, une série d'incidents analogues y serait sans doute déplacée.

Le 20 juillet, le Cercle de l'Union offrit un punch d'adieux aux officiers du 10ᵉ de ligne, comme il l'avait fait pour leurs camarades des dragons. Pendant cette fête intime, la musique de ce régiment, très aimé à Limoges, se fit entendre pour la dernière fois à Limoges ; la place Royale fut à cette occasion envahie par une foule nombreuse qui acclamât le 10ᵉ de ligne et montra le plus vif et le plus sincère enthousiasme, lorsqu'éclatèrent les accents guerriers de la *Marseillaise*, dont le refrain était répété par des milliers de voix.

Le lendemain 21, à sept heures du matin, le 10ᵉ de ligne partait par un train spécial qui le transportait au camp de

Châlons. A six heures, le régiment quittait la caserne escorté par une foule énorme qui l'accompagnait de ses vivats. En arrivant à la gare, la musique joua la *Marseillaise* aux applaudissements des innombrables spectateurs massés sur l'esplanade du Champ-de-Juillet et aux abords de la gare.

Les soldats et la foule échangeaient les cris de : « Vive la France ! Vive l'armée ! Vive Limoges ! Au revoir ! »

« Reverrons-nous ces braves soldats? écrivait le même jour le rédacteur du *Courrier du Centre*, mais au moins qu'ils emportent nos souhaits unanimes de bonne chance et de succès ; parmi les régiments qui ont tenu garnison à Limoges, le 10ᵉ de ligne et le 10ᵉ dragons auront une place à part. Nous nous rappellerons toujours que nous les avons vu partir, pour aller au loin, supporter pour notre patrie tous les hasards et toutes les souffrances de la guerre (1). »

Ardant du Picq commandait le 10ᵉ de ligne ; cette circonstance justifie la reproduction des extraits suivants relatifs à ce régiment, extraits empruntés à la biographie de notre compatriote. (*Souvenir consacré aux anciens élèves du Lycée, morts pendant la guerre de 1870-1871.* Limoges, imprimerie Chatras, publication de l'Association des anciens élèves et des fonctionnaires du Lycée de Limoges).

---

(1) Le 10ᵉ de ligne et le 10ᵉ dragons avaient, continuant une vieille tradition de la garnison de Limoges, donné un concours dévoué à une cavalcade de charité organisée au mois de mars 1870. Dans un article spécial sur les cavalcades à Limoges publié par l'*Escholier Limousin*, numéro unique, paru à l'occasion de la cavalcade de 1895, nous trouvons cette remarque : « M. de Tournauvant, qui avait tant contribué au succès de la cavalcade, devint capitaine de mobiles, se battit bravement à Terminiers, fut fait prisonnier puis conduit en Allemagne ; d'autres furent tués, l'*Œil Crevé* atteint par un éclat d'obus fut enlevée du champ de bataille par *Barbe-Bleue* au péril de sa vie ; le *chanteur Florentin* plus heureux, en fut quitte pour une jambe brisée... »

On peut bien dire ici les noms de ces jeunes gens qui, après avoir mis leur jeunesse et leur gaîté au service des pauvres, surent noblement faire leur devoir de soldats, c'étaient MM. Paul Lagrange, capitaine aux mobiles, Baignol, tué à Terminiers, Raymond Laporte qui, après avoir transporté sous une grêle d'obus son malheureux camarade Baignol à l'ambulance, revint prendre son poste de combat, Arsène Henri, capitaine, blessé grièvement à Terminiers.

Est-il rien d'aussi poignant que le rapprochement de ces scènes de joie, des scènes de douleur et de carnage qui devaient si promptement les suivre ?

« Le 10⁰ de ligne se trouvait à Limoges au moment où la guerre l'appela. Le colonel Ardant du Picq ne revit pas sans émotion son vieux collège, ses amis et ses condisciples. Il n'était pas de ceux qui se figuraient qu'il ne nous manquait pas un bouton de guêtre. Il s'avait trop bien à quel petit nombre d'hommes était réduit son effectif. La gravité de la situation ne lui échappait pas ; mais son courage et son énergie s'élevant à la hauteur du péril inspiraient une confiance qu'il ne pouvait partager. »

D'autre part, voici dans le même ordre d'idée l'éclatant témoignage donné par les officiers du 10⁰ à leur regretté colonel :

« Nous étions à Limoges lorsque la dernière guerre fut déclarée, c'était au mois de juillet 1870.

» Chose bizarre ! plus nous examinons aujourd'hui le soin qu'apportait le colonel Ardant à préparer de toutes les manières son régiment pour une entrée en campagne, avant même qu'il fut le moindrement question de guerre, plus nous avons la conviction qu'il pressentait, seul parmi nous, cette guerre cruelle qui devait fatalement mettre fin à ses jours, et nous ravir ainsi celui qui avait fait le plus d'efforts pour nous la rendre favorable.

» Son activité, les premiers moments venus de la campagne, s'était décuplée, il était partout, il voyait et prévoyait tout ; au camp de Châlons, à Nancy où nous fûmes successivement dirigés, on le vit se multiplier pour arriver à munir ses soldats de tous les effets qui leur manquaient encore. C'est dans cette dernière ville qu'il leur fit acheter à tous cette ceinture de flanelle qui leur fut plus tard d'un si grand secours sous les murs de Metz. »

Sans doute ce fut pour nos compatriotes un jour d'espoir que celui où ils accompagnèrent à la gare ce beau régiment commandé par un vrai soldat, dont nous étions tous fiers. Hélas ! ce jour ne devait pas avoir de lendemain.

Quoi qu'il en soit, la population limousine continua à donner des preuves de son patriotisme ; une souscription ouverte aussitôt après la déclaration de guerre s'éleva rapidement à un chiffre considérable (1). Les engagements furent très

(1) En 1859, une souscription ouverte dans le *Courrier du Centre*, donnait après plusieurs mois, un chiffre de 14,000 fr. en chiffre rond (74 listes). En 1870, ce chiffre était dépassé dès la seconde liste. — Plus loin, on trouvera des détails sur les diverses souscriptions ouvertes à Limoges.

nombreux ; enfin nous voyons faire à Limoges, à Nexon (1) et dans bien d'autres gares de notre département, dont l'indication ne se trouve pas dans les journaux de l'époque, des distributions de vivres et de boissons ; il faut noter des manifestations plus touchantes encore, telles que ces envois de linge, de charpie, etc., qui commencèrent à s'effectuer dès le début de la guerre.

Presque aussitôt, après le début des hostilités, les dames de Limoges commencèrent à s'occuper de nos blessés ; d'après les journaux de l'époque, le premier envoi de pièces de pansement aurait été fait par les dames d'Eymoutiers, qui, dès la fin de juillet, firent parvenir aux armées plusieurs ballots de charpie, bandelettes, etc.

II

Dès le commencement du mois d'août, les inquiétudes, jusqu'alors vagues, dont j'ai déjà parlé s'accentuaient en présence des événements militaires qui semblaient prendre décidément une mauvaise tournure. — La chose était visible, malgré les efforts que le gouvernement faisait pour masquer les réalités d'une situation dont les responsabilités l'effrayaient.

Voici les lignes publiées en tête d'un numéro du *Courrier du Centre*, lignes bien caractéristiques malgré la réserve voulue et évidente du rédacteur.

« Un frisson court d'un bout de la France à l'autre. L'élan est partout, à Paris comme à Metz, à Lyon comme à Strasbourg, à Bordeaux comme à Limoges.

» Depuis deux jours, Limoges, quoique placé loin des bruits de la guerre, a lui aussi sa fièvre de patriotisme. Les jeunes gens demandent qu'on leur apprenne sur-le-champ le maniement d'armes, les volontaires se présentent, et c'est au milieu d'un formidable cri de : *Vive la France !* que M. le Préfet a lu hier soir (7 août), du haut du perron de la bibliothèque, la dernière dépêche des ministres, annonçant la concentration de nos troupes et invitant la nation à rivaliser de fermeté et d'énergie. »

---

(1) L'initiative des distributions en nature, paraît avoir été prise par M. Paul Vitet, qui, le 24 juillet, offre « de vieille eau-de-vie à boire sur le territoire prussien par nos braves soldats. » Quelques jours après, une commission était formée pour organiser les distributions à faire aux militaires à leur passage à Limoges.

Deux jours auparavant, le 5, le bruit d'une grande victoire remportée par nos soldats s'étant répandu à Limoges, la foule parcourt joyeuse nos rues en quête de nouvelles, qui bientôt arrivent, confirmant l'heureux évènement..... mais ce ne fut hélas qu'une courte joie, des dépêches sinistres, des dépêches de défaites succèdent aux télégrammes de triomphe. Ce n'est plus une victoire que nous avons remporté, c'est un désastre que nous avons subi.... C'est Wissembourg !

Cette soirée du 7 août, au cours de laquelle le représentant du gouvernement, M. Garnier, le dernier préfet de l'Empire, vint lire devant la foule transportée, les dépêches où l'infortune de nos armes était avouée avec des réticences qui ne pouvaient plus tromper personne, cette soirée maudite a laissé de poignants souvenirs dans la mémoire de ceux qui y assistèrent, indignés et désespérés..... alors tous les yeux furent désillés, aucune illusion n'était plus permise d'ailleurs ; la patrie allait subir la honte d'une nouvelle invasion.....

Ce fut le 7 et le 8 août que l'on apprit à Limoges le désastre de Frœschviller.

Le 6 août, à Frœschviller, le 2ᵉ zouaves fut écrasé. Cette nouvelle eut un sinistre retentissement dans notre ville ; depuis le commencement de l'expédition d'Algérie, nos compatriotes qui s'étaient engagés dans les corps faisant campagne dans notre nouvelle colonie, avaient toujours été nombreux. Le Limousin a, on le sait, fourni aux armées d'Afrique, plusieurs généraux, un grand nombre d'officiers et beaucoup de soldats. Le 2ᵉ zouaves, régiment héroïque, avait eu, on ne sait trop pourquoi, la préférence des Limousins. Le lecteur me permettra de m'écarter un moment de l'objet de cette étude pour lui fournir quelques détails pris à une source absolument sûre, sur un sujet d'un intérêt tout patriotique. D'ailleurs, plusieurs des militaires cités plus bas, ont pris part à la guerre franco-allemande.

Parmi nos compatriotes qui ont servi au 2ᵉ zouaves, il faut citer Dartiagues : engagé volontaire en 1856, ce brave soldat a, par sa brillante valeur, contribué à mériter aux Limousins la réputation de courage et de discipline qu'ils s'étaient acquis au 2ᵉ zouaves ; il quitta le corps plusieurs années avant la guerre et reprit du service en 1870. Descubes Saint-Dezir, engagé en 1858, donna des preuves de valeur pendant la guerre d'Italie et aussi pendant la terrible expédition du Maroc (1859). Buffeteau, très valeureux soldat, malgré de très brillants états de service et deux blessures dont l'une, reçue en Crimée, fut déclarée équivalente à la perte d'un membre, quitta le corps sans avoir obtenu ni la croix ni la médaille pour lesquelles il avait été proposé à plusieurs reprises. Moreau, soldat d'une grande intrépidité, après avoir figuré dans un grand nombre d'affaires en Algérie, prit part à l'expédition du Mexique, le 9 mai 1862 ; il fut laissé pour mort sur le champ de bataille de Puebla, il avait reçu cinq blessures dans la partie supérieure du corps ; fait prisonnier par les Mexicains, il fut rendu 7 ou 8 mois plus tard. Il se conduisit très bravement au siège de Puebla et au cours de plusieurs expéditions dans l'intérieur ; étant encore au Mexique, il reçut deux nouvelles blessures au combat des Trois-Croix le 28 janvier 1865, où le capitaine de la compagnie ayant été tué, notre compatriote, M. du Clou du Teillol, prit le commandement. En 1870, Moreau qui avait repris du service dans son ancien corps, se trouvait à Frœschviller, où il fut fait prisonnier et conduit en Allemagne. Labrunie fit avec valeur les campagnes d'Afrique et du Mexique, etc., obtint la médaille militaire.

Etienne-Gustave Brissaud fit avec beaucoup de distinction comme sous-officier et officier les campagnes d'Afrique, de Crimée, d'Italie, du Mexique, mourut prématurément de fatigue et d'épuisement à Oran en 1866. Louis Brissaud, frère du précédent (1), à sa sortie de Saint-Cyr entra au 2º zouaves comme sous-lieutenant (1856), prit part en Algérie aux campagnes de 1857 et 1858, à la guerre d'Italie, aux expéditions du Maroc et du Mexique, aux expéditions de 1865 et 1866, son état de santé aggravé par une terrible blessure reçue au combat du Cerro de la Majoma, le força à rentrer en France ; il servit pendant la guerre de 1870, puis fit l'expédition du Tonkin. Mort en 1890, il était arrivé au grade de général.

Labrune, engagé volontaire a pris part aux guerres de Crimée, d'Italie, du Mexique et de France, aux expéditions qui se firent en Algérie de 1856 à 1866, il a été placé au cadre de réserve vers 1870 comme général de brigade. En 1863, il fut gravement blessé au pied à l'attaque du Pénitencier (siège

(1) Tous deux étaient fils de M. Brissaud, notaire à Nieul et frère de M. Brissaud actuellement président du Conseil général de la Haute-Vienne.

de Puebla). Dans la même affaire son frère plus jeune que lui fut tué. Labrune jeune était un vaillant soldat qui avait pris une part brillante à plusieurs expéditions en Algérie. Montazeau engagé volontaire a très valeureusement expéditionné en Algérie de 1855 à 1869, entra comme sous-lieutenant dans les tirailleurs algériens ; tué en 1870. Bardy, caporal, prit part à plusieurs expéditions en Algérie, tué en Crimée. Rouchon-Mazera, engagé volontaire en 1855 a pris part à toutes les expéditions africaines jusqu'en 1869 et aux guerres d'Italie et du Mexique, retraité comme capitaine. Du Clou du Teilliol, engagé en 1855, prit part en Algérie aux expéditions de 1855 à 1859, aux guerres d'Italie et du Mexique, (blessé à la main droite à la prise du col de Tarfarolt), aux expéditions algériennes de 1865 à 1870, à l'expédition du Maroc. Pendant la guerre de 1870, il a été blessé au pied à Frœschwiller ; a pris part à l'expédition contre les Kabyles en 1871 ; retraité comme capitaine.

Prosper Cibot, engagé en 1855, a très vaillamment fait les expéditions d'Afrique, la guerre d'Italie, etc. Charles Moreau, engagé volontaire en 1855, a très vaillamment expéditionné en Algérie, en Kabylie, au Maroc, a fait la guerre d'Italie, retraité comme caporal, rentré dans l'armée en 1870 comme officier ; il a été grièvement blessé. Brissaud, engagé volontaire en 1850 à l'ex-régiment des zouaves, a pris part à toutes les expéditions en Algérie, est allé des premiers en Crimée pour en revenir des derniers; a fait les campagnes d'Italie et du Maroc. En 1870, ce vieux brave reprit du service et devint l'un des commandants des mobilisés de la Haute-Vienne.

Le sergent Brissaud avait reçu plusieurs blessures, il portait la croix de la Légion d'honneur et la médaille militaire.

Tramond entré au 2ᵉ zouaves en sortant de Saint-Cyr (1853) a valeureusement fait l'expédition de 1858, la guerre d'Italie, l'expédition du Maroc, celle du Mexique ; il fut tué aux côtés du colonel Martin également tué au combat de Cerro de Majoma, qui doit être considéré comme un des plus beaux faits d'armes inscrits aux fastes de l'armée française : L'armée d'Ortega forte de 3,500 fantassins, de 21 pièces d'artillerie, de 500 cavaliers, était retranchée sur le plateau de Cerro de Majoma ; le colonel Martin, du 2ᵉ zouaves n'hésita pas à attaquer ces forces imposantes. Cependant il n'avait avec lui que 480 hommes et 89 chevaux (appartenant aux 2ᵉ zouaves, 18e chasseurs à pied, 12e chasseurs à cheval). Le vaillant colonel tomba l'un des premiers frappé par un boulet, le commandant Japy (1) adjure ses zouaves de venger le colonel ; nos braves soldats, électrisés abordent l'ennemi sous une grêle de projectiles, le chasse du plateau malgré sa résistance opiniâtre, lui enlève 20 pièces de canons, des caissons et attelages, 4 fanions, 900 armes à feu, 300 lances et lui fait 150 prisonniers.

A l'attaque de Puebla, le 5 mai 1862, le jeune sergent Lugnot se fit bravement tuer, il appartenait à une des plus honorables familles de Limoges ; il était fils du général Lugnot.

Cette liste est bien incomplète... Le vaillant 2e zouaves qui, à Frœschviller, perdit 47 officiers sur 67 et un nombre proportionné de sous-officiers et soldats avait toujours compté de nombreux Limousins dans son effectif, ainsi qu'il est dit plus haut ; aussi lorsque l'on apprit chez nous le triste mais glorieux sort que la fortune des armes avait fait à ce beau régiment, la nouvelle qui arrivait avec d'autres nouvelles aussi lamentables, excita-t-elle à Limoges une véritable douleur patriotique. Combien de familles étaient fières d'avoir eu un de leurs enfants dans ce corps d'élite qui, malgré sa bravoure, son expérience de la guerre, venait d'être presque anéanti !

III

Parmi ceux de nos compatriotes qui devaient mourir en défendant la patrie, le colonel Ardant du Picq fut frappé l'un des premiers.

Une lettre particulière apporta à Limoges la fatale nouvelle.

« Ce matin 15, écrivait de Metz un officier du 10e à un de ses amis, j'ai reçu le baptême du feu, j'ai été blessé par un éclat d'obus au bras, j'ai été emporté dans le séminaire d'où, grâce à des soins affectueux, je pourrai rejoindre mes camarades demain ou après-demain.

» Le même obus a blessé très grièvement le colonel qui va très probablement supporter l'amputation de la jambe droite.

_____

(1) Il a été commandant du 12e corps d'armée à Limoges.

» Le commandant Duchêne a eu la jambe coupée et un cheval tué sous lui...

» Grand nombre de blessés. En somme le 10e a bien payé sa dette, surtout en officiers... »

La réalité était bien plus terrible : Ardant du Picq avait eu la cuisse droite fracassée, la cuisse gauche déchirée et le ventre traversé par un éclat d'obus...

Voici en quels termes émus le capitaine Descours, du 10e, raconte la mort de son colonel :

« Il était six heures du matin. Le régiment venait de faire halte entre Longeville (1) et Moulins, près de Metz, dans les prairies qui s'étendent entre la route de Verdun et la Moselle,

---

(1) Il ne paraît pas inutile de compléter ici le récit du capitaine Descours, en rappelant quelques faits qui se sont passés à Longeville et qui se rattachent à la catastrophe dans laquelle notre compatriote trouva la mort.

Napoléon se trouvait à Longeville-lès-Metz, commune annexée aujourd'hui, lorsque, le 14, il rédigea une dépêche à l'impératrice où il lui annonçait le résultat heureux de l'action de Borny. Le 15, vers six heures du matin, Napoléon ne se croyant plus en sûreté à Longeville voulut continuer à se diriger sur Verdun. L'attaque qui devait coûter la vie à Ardant du Picq venait de se produire. Des régiments de cavalerie demandés à Bazaine pour protéger la retraite de l'empereur et de sa suite se firent longtemps attendre en sorte que cette retraite ne put s'effectuer que le lendemain vers 4 heures.

Napoléon avait failli être fait prisonnier à Longeville ; rappelons au sujet de cette surprise que d'après les révélations reconnues exactes d'un espion prussien, le mouvement sur Longeville avait été annoncé à l'ennemi par un signal convenu.

Les historiens de la guerre franco-allemande oublient en général de nommer le colonel Ardant du Picq, mort trop tôt pour qu'il ait pu donner sa mesure dans cette terrible campagne. Voici un extrait d'un ouvrage où le nom de notre compatriote est cité. Comme le lecteur le verra, il y a quelques inexactitudes dans ce récit, mais on y trouve en revanche certains détails intéressants :

« La route de Longeville à Moulins est très découverte. Sur notre gauche nous distinguions les hauteurs de Montigny occupées par l'ennemi, et nous ne doutions pas que des obus ne dussent nous être envoyés pour jeter le trouble dans notre marche. En effet, une batterie de campagne fut établie au-dessus de Montigny, et le premier projectile lancé frappa malheureusement au milieu d'un groupe où se trouvait le colonel Ardant du Picq, du 10e de ligne, 6e corps, et le tua ainsi qu'un chef de bataillon et un capitaine qui se trouvaient présents. Quelques obus furent envoyés successivement. Le fort Saint-Quentin, qui domine toute la contrée, riposta et fit de suite cesser le feu, qui menaçait d'être fort incommode pour notre colonne en marche. »

(Campagne de 1870. — Armée du Rhin, par le Docteur F. Quesnoy.)

quand un parti de cavalerie allemande avec deux pièces vint se poster sur la rive gauche de la Moselle, près de Montigny, et ouvrit un feu d'artillerie sur nous au moment où nous étions en train de prendre le café.

» Le colonel fit aussitôt prendre les armes et porta son régiment au nord de la route, qui est en chaussée et qui procurait ainsi un abri suffisant pour faire défiler ses hommes.

» Lui-même resta debout sur la route pour raffermir ses soldats, un peu ébranlés par la surprise du feu qu'ils subissaient pour la première fois.

» C'est alors qu'un obus éclatant sur la route à quelques pas du colonel, lui mutila d'une manière affreuse les deux jambes.

» Il fut aussitôt transporté sur le revers de la chaussée, au milieu du régiment, et l'on se mit à la recherche d'un médecin, ceux du régiment étant déjà occupés à soigner le commandant Duchêne et d'autres hommes frappés un instant auparavant.

» En attendant, le colonel Ardant fait demander le lieutenant-colonel Daléac, lui remet sa sacoche, contenant des papiers importants concernant le régiment, lui offre ses jumelles, et, sans pousser le moindre cri de douleur, malgré le mal affreux dont il devait cruellement souffrir, lui dit avec calme : « Mon grand regret, c'est d'être frappé ainsi, sans avoir pu conduire mon régiment à l'ennemi. »

» On veut lui faire prendre un peu d'eau-de-vie, il accepte de l'eau que lui présente un soldat.

» Un médecin de la garde arrive enfin.

» Le colonel, lui indiquant sa jambe ouverte en deux endroits lui fait signe de la couper en haut de la cuisse, et lui dit : « docteur, il faut me couper cette jambe ici. »

» En ce moment, un soldat blessé à l'épaule et déposé près du colonel, fait entendre ses plaintes. Le colonel dit alors au docteur : « Voyez d'abord, docteur ce qu'a ce brave homme, moi j'ai le temps. »

» L'amputation ne put être faite sur le terrain faute d'instruments, et le colonel fut transporté à l'hôpital militaire de

Metz (1) où il mourut quelques jours après, sans proférer la moindre plainte, loin de son régiment, loin des siens, ne répétant que ces mots qui lui étaient si chers : « ma femme, mes enfants, mon régiment, adieu ! »

Voici au sujet d'Ardant quelques détails intimes :

Le colonel Ardant du Picq, né à Périgueux, mais d'origine limousine avait fait ses études au lycée de Limoges, il se destinait à la marine et de très bonne heure il se montra passionné pour les exercices gymnastiques; il avait été séduit par les théories alors nouvelles du colonel Amoros. Ses quelques amis d'enfance qui existent encore se souviennent encore qu'il avait pris l'initiative d'établir un petit gymnase dans une maison appartenant au père de l'un de ses amis, le docteur Chapsal, devenu plus tard un médecin de talent et mort prématurément à Paris où il avait obtenu le succès qu'il n'avait pu trouver dans son pays. Parmi les jeunes gens — ou plutôt parmi les enfants — qui secrètement, on pourrait dire honteusement, car la gymnastique n'avait pas alors obtenu ses lettres de grandes naturalisations — qui secrètement exerçaient leurs jeunes muscles se trouvait l'excellent Jules Blondy qui devait être tué à Gravelotte, deux jours après Ardant du Picq. Il arriva malheur à nos gymnastes, sans doute plus zélés qu'expérimentés : l'un d'eux faillit se rompre les reins en tombant des anneaux ; les parents intervinrent et les agrès disparurent.

Ce n'est là qu'une anecdote de jeunesse, mais elle présente de l'intérêt parce qu'elle indique chez nos futurs soldats la préoccupation de se mettre par l'entraînement physique comme par la préparation morale et intellectuelle, à la hauteur de la mission qu'ils aspiraient déjà à remplir.

Le colonel Ardant était un travailleur infatigable, non seulement il donnait tous ses soins à son régiment, mais encore, à une époque où l'officier dit « travailleur » était peu commun et souvent assez mal noté, notre compatriote s'occupait de spéculations intellectuelles de la plus haute portée ; il a laissé un ouvrage des plus remarquables : *Etude sur le combat* pieusement éditée après sa mort par les soins de sa famille. C'est là sans contredit un des livres les plus intéres-

(1) Longeville, est à 4 kilomètres de Metz.

sants qui, depuis trente ans ont été écrits dans notre pays au sujet des choses militaires. (1)

Ardant du Picq, de taille moyenne, mais solidement charpenté, très brun, de physionomie rude et énergique — malgré cet aspect on ne saurait répéter qu'il était le meilleur et le plus serviable des hommes — ne ressemblait guère à son ami Blondy qui, de moyenne taille lui aussi, — plutôt petit même — blond, de tournure élégante, représentait bien un certain type de l'officier français, type aimable, peut être un peu « casseur » dirait Joseph Prudhomme, mais nous aimions jadis que nos officiers eussent les allures gaies et vives, si naturelles d'ailleurs à notre caractère national.

Jules Blondy, comme Ardant du Picq, était né en Périgord (dans la commune de Quinsac), de famille limousine. Il fit de bonnes études puis entra à Saint-Cyr, d'où il sortit en 1843 avec le grade de sous-lieutenant au 45° de ligne qui tenait garnison à Alger ; il avait 22 ans.

Il resta en Afrique jusqu'au moment de la guerre d'Italie ; dans notre nouvelle colonie il prit part à toutes les expéditions qui se firent de 1843 à 1858, — c'était un véritable Africain.

Il fit la campagne d'Italie et fut décoré sur le champ de bataille de Solférino.

En 1870 il était commandant au 97° de ligne qui faisait partie du 4° corps commandé par le général Ladmiraud.

Blondy fut tué le 17 août à la bataille de Gravelotte. On ignore les circonstances de sa mort. Il tomba couvert de blessures glorieuses, voilà tout ce que l'on sait. Il y avait si longtemps que Blondy avait quitté Limoges !..... Il n'y avait plus aucun parent, il y était presque oublié, aussi le journal de notre ville ne mentionne même pas sa mort.

Le *Souvenir* consacre au brave soldat une page émue. La voici :

« Il nous a été impossible de recueillir de plus amples détails sur la vie de Jules Blondy, qui depuis tant d'années avait quitté le pays et n'y reparaissait plus qu'à de longs inter-

(1) Par une étrange erreur, le *souvenir* dit qu'Ardant, n'avait fait qu'une seule campagne, celle de Crimée, tandis que notre compatriote était un vieil africain.

valles et comme en passant. Mais deux mots de son caractère suffisent à son éloge : Malgré l'éloignement, il sut conserver parmi ses anciens camarades quelques amis solides
heureux de l'entrevoir quelquefois. Toujours plein de souvenirs et soucieux de sa carrière, Blondy méritait cette amitié
par la chaleur et la bonté de son cœur, la noblesse et la gé-
nérosité de ses sentiments. C'était un excellent ami, ajoutons
qu'il fut un excellent fils, sans cesse préoccupé d'assurer une
douce et facile existence à son père qui remplissait à Limoges
la modeste fonction de peseur public. L'un des plus grands
chagrins de Blondy était, nous dit-on, la résistance que lui
opposait son vieux père, quand il le pressait de se donner
plus de bien-être dans ses dernières années ; quelle n'eut pas
été la douleur du vieillard, si Dieu ne lui avait pas fait la
grâce de le frapper quelque temps avant son fils... »

Je puis ajouter, d'après le témoignage d'un vieux camarade de Blondy, que celui-ci avait montré de très bonne
heure une grande maturité ; encore enfant, il avait voulu
diriger lui-même sa vie au sein de sa famille, ce qui lui avait
valu au lycée le sobriquet de « l'homme établi ». C'était lui-
même qui réglait toutes les dépenses de sa nourriture et de
son entretien, et il le faisait avec la plus stricte économie ;
appartenant à une famille pauvre, il se sevra lui-même de
tout plaisir, c'était un enfant gai mais d'une grande fierté de
caractère...

Un jeune et brillant officier, M. Georges de Vanteau fut
blessé à Sedan ; alors que tout était perdu, il avait pris un
fusil et faisait le coup de feu comme un simple troupier, mais
ses cartouches étaient épuisées... Un lignard tombe à côté de
lui blessé à mort. Georges de Vanteau se baisse pour prendre les cartouches de son pauvre camarade... A ce moment
il est atteint d'une balle à la hanche. Recueilli par une ambulance belge, notre compatriote fut transporté en Belgique, où
par le plus grand des hasards, il fut rencontré par un de ses
parents, M. de Maukerques, qui occupait un poste important
dans la diplomatie. M. de Maukerque prit chez lui M. de
Vanteau, et il y fut admirablement soigné, est-il besoin de le
dire ?

Et quelques semaines auparavant, M. Faulte de Vanteau
avait réuni quelques amis au château de Saint-Jean..... Il
voulait dire un adieu qui pouvait être suprême à son neveu

Georges de Vanteau et à plusieurs autres braves jeunes gens qui, insoucieusement, allaient affronter les périls de la guerre... Tous étaient pleins d'espérance ; les jeunes montraient beaucoup d'ardeur et d'enthousiasme, aussi lorsque, au dessert, l'amphytrion ayant fait déboucher une très vieille bouteille d'un des grands vins de France, porta un toast au succès de nos armes. Ceux qui partaient, debouts, beaux d'enthousiasme patriotique, promirent avec un magnifique élan de faire leur devoir quelque pénible qu'il pût être. Aucun n'y a manqué.

Un autre de nos compatriotes, l'adjudant de dragons Guerray, fut fait prisonnier à Sedan dans des conditions particulières et qui méritent d'être rapportées. Guerray commandait un peloton, débris d'un escadron décimé, lorsqu'il fut rencontré par le général Wimpfen qui lui commanda de lui servir d'escorte. Après avoir accompagné le général, notre compatriote retourna au combat ; avec quelques camarades, il charge vigoureusement un groupe de cavaliers allemands, — Guerray avait fortement lié, à l'aide de son mouchoir, son sabre à son poignet droit — il traverse de part en part un Prussien, l'arme reste dans le cadavre, mais comme l'adjudant ne peut dégager son poignet il est entraîné par son adversaire et tombe avec lui, il reçoit alors quinze coups de fusil dont aucun ne l'atteint mortellement. Fait prisonnier, on le conduisit à Stuttgard.

Au début de la campagne la plupart des grands journaux avaient envoyé à l'armée du Rhin des rédacteurs spéciaux chargés de rendre compte des opérations militaires ; notre compatriote, M. Jules Claretie, adressait du théâtre de la guerre au *Rappel* et à l'*Opinion Nationale*, des correspondances qui furent très remarquées. Il est honorable pour notre province d'avoir eu un de ses enfants dans ce groupe de journalistes jeunes, ardents, patriotes, qui firent tous leurs efforts pour réveiller le sentiment national. Si dans la lutte inégale que nous soutînmes contre l'Allemagne nous ne perdîmes pas l'honneur, le journalisme français y fut pour quelque chose ; M. Jules Claretie a fourni une fort belle carrière littéraire, il a obtenu tous les genres de succès, mais ses correspondances du *Rappel*, écrites d'ailleurs dans une langue à la fois si pure, si imagée et si pittoresque, me paraissent constituer une des plus belles pages de son œuvre ; en tous cas elles ajoutent à la figure littéraire de notre compatriote, un trait qui en accentue le caractère (1).

M. Jules Claretie assista aux affaires de Forbach et de Sedan où il arriva en pleine déroute, il fut un moment prisonnier, voici cet épisode tel qu'il se trouve raconté dans la brochure le *Champ de bataille de Sedan*.

« Nous n'avions pas fait un kilomètre sur la route de France que des uhlans apparaissaient au détour d'un sentier. L'un d'eux, un sous-officier parlait français, il fallut les suivre jusqu'au prochain village. C'était La Chapelle, où la veille à cinq heures avait fini la bataille. Nous venions de passer sur l'emplacement qu'y avait occupé la dernière ligne de nos ambulances ; la terre était encore couverte de lambeaux de drap, de linge et de charpie. Je n'oublierai jamais l'aspect désolé, si bien fait pour navrer une âme française qu'offraient ce petit village de La Chapelle, cette grande rue en pente encombrée de débris, ces maisons aux toits enfoncés, aux volets brisés et arrachés de leurs gonds, ces portes jetées à bas, ces fenêtres aux vitres cassées, cette église trouée de boulets, ces uniformes en loques jetés pêle-mêle au ruisseau, avec des fusils inutiles, des sabres tordus, des épaulettes effiloquées. La voiture criblée de balles, d'une cantinière, occupait le milieu de la rue, et un petit drapeau tricolore flottait encore près du siège portant le numéro du régiment. Non loin de là, un humble casque cuivré de pompier de village attira nos regards, une balle l'avait troué par le devant et on voyait encore sur la visière du sang de quelque brave homme du pays, laboureur ou fermier, qui, l'heure du danger venue avait simplement fait son devoir. Des femmes, des paysannes, errant à travers les rues, arrachaient quelques débris de ce qui avait été le bien-être du foyer.

» Il y avait entre les deux armées un commencement de suspension d'armes. Un officier prussien nous apprit que la place de Sedan, menacée d'un bombardement, s'était rendue. La garnison entière se trouvait prisonnière. Quel événement ! Qui pouvait croire à une telle fin ? Cette armée de

(1) Les correspondances de M. Claretie ont été réunies dans un volume, devenu introuvable aujourd'hui, qui parut quelque temps après la guerre sous ce titre : la *France envahie* ; notre compatriote publia vers la même époque, le *Champ de bataille de Sedan* paru d'abord dans la *Revue des deux Mondes*, la *Débâcle*, la *Guerre Nationale*, *Paris assiégé*, etc...

Châlons, que j'avais vue naguère marcher au feu avec tant
d'espoir, malgré les menaces de l'avenir, appartenait maintenant à l'ennemi. Je croyais à une fanfaronnade de l'officier ; celui-ci venait au surplus de nous apprendre en termes
polis qu'ayant franchi les lignes prussiennes, nous étions,
nous aussi, considérés comme prisonniers.

» L'entretien avait lieu dans une auberge dont l'enseigne,
grinçant sur sa tringle, portait ces mots : *Au Cheval blanc*.
Il sortait de l'auberge un bruit de verres et d'assiettes. Des
soldats y déjeunaient sans doute ; un gros homme à favoris
gris, d'aspect débonnaire, vêtu d'une longue capote noire à
boutons de cuivre lisse parut sur le seuil de la porte, et s'accou-
dant à la grille du perron, nous interrogea un moment. Il
portait une casquette d'officier général. Tout en souriant il
nous confirme cette vérité que nous étions prisonniers de
guerre : « Mais rassurez-vous, ajouta-t-il, il est probable
» qu'un armistice sera signé avant ce soir ; vous pourrez
» alors, je crois, retourner en Belgique. En attendant, allez
» et venez sur le champ de bataille, mettez-vous à la dispo-
» sition des ambulances et rendez-vous utiles. » Il rentra
dans l'auberge et nous n'avions pas fait dix pas dans le
village qu'il reparut sur le perron et nous appela de loin :
« Messieurs, dit-il, vous êtes ici au quartier général du prince
» Albrecht et Son Altesse Royale désire vous parler. » (1)

. . . .

« C'est devant le prince Albrecht qu'on nous conduisit. Le
prince déjeunait avec son état-major dans la grande salle du
Cheval blanc. Autour de deux tables parallèles, les officiers,
vêtus de ces uniformes corrects, élégants, sans parure, si
différents de nos casaques brodées et chamarrées, prenaient
le café et causaient. Le prince, sur un tabouret, tenait le haut
de la table, et roulait, près de la fenêtre, une cigarette entre
ses doigts. Les officiers, assis sur des bancs, s'écartèrent
pour nous laisser une place auprès du prince. Celui-ci doucement, sans autre accent qu'une certaine intonation
méridionale, nous interrogea, s'enquit du lieu d'où nous
venions, de nos projets, de l'endroit où nous voulions aller.

« — Je ne crois pas après tout, dit-il quand nous nous fûmes

(1) Il s'agit du prince Albrecht, frère du roi, et commandant en chef de la
cavalerie de l'armée.

» nommés qu'il soit nécessaire de vous retenir. On vous don-
» nera tout à l'heure un laisser-passer à l'état-major ; « d'ail-
» leurs, je ne sais pas si nous sommes encore en guerre, »
» ajouta-t-il avec un sourire. Et comme nous témoignions
» quelque surprise de ces paroles : « Napoléon est prisonnier,
» reprit-il, en tirant une bouffée de sa cigarette, l'empereur
» s'est rendu — Oui, me dit un colonel qui se trouvait près de
» moi ; il nous a envoyé une épée qui n'est pas celle de Fran-
» çois Ier, mais on prend ce qu'on trouve. »

. . . .

(M. Jules Claretie rapporte ici une fort intéressante conversation qu'il eût avec le prince et ses officiers.)

« Vainement pendant que les officiers parlaient, nous essa-
yâmes de combattre par le raisonnement et par l'histoire leur
visées ambitieuses. L'entretien, du reste, était irritant. Un
incident inattendu le fit heureusement cesser. La porte de la
salle s'ouvrit, et un vieux colonel d'infanterie prussienne, tête
chenue, moustache et favoris gris, entra, tenant à la main
un grand jeune homme d'une vingtaine d'année, blond,
imberbe, vêtu d'un uniforme vert à galons d'or, et qui était
blessé au bras. Le jeune officier jeta sur nous un regard
curieux, et, lorsque ses yeux bleus s'arrêtèrent sur le prince
Albrecht, la joue du blessé se couvrit d'une certaine rou-
geur. Il parut très joyeux, un général murmura quelques
mots à l'oreille du prince qui se leva, et d'un air affable
s'avança vers ce jeune homme et ce vieillard. « C'est le
père qui présente son fils à son Altesse, me dit un officier.
« Ce jeune homme que vous voyez hésitant et timide s'est
» conduit en héros devant Metz. » Le frère du roi tendit avec
un geste de bonté sa main au jeune homme, qui la toucha
du bout des doigts en s'inclinant ; puis le prince donna gravement l'accolade à l'officier imberbe pâle maintenant et
presque tremblant, tandis qu'à deux pas de là, mordant ses
lèvres, le père essayait de maîtriser son émotion, et que deux
grosses larmes roulaient de ses yeux jusqu'à sa moustache.
Je croyais, en regardant cette scène, assister à quelque épisode du moyen âge, où d'un coup d'épée et d'une embras-
sade, on armait un homme chevalier. Dans cette salle devenue silencieuse, dans les cœurs allemands, il y avait, en quelque sorte, la même foi et le même respect qu'au temps de
Bayard, pour cette chose vermoulue que le poëte Uhlan
appelle « le Bon vieux temps. »

« Quelqu'un apprit sans doute au vieux colonel qui nous étions, car, la présentation terminée, il vint à nous avec son fils.

« — Monsieur, dit-il, vous retournez en Belgique, voulez-
» vous me permettre de vous adresser une prière ? Mon fils
» que voici a eu le bras cassé à Gravelotte. il ne peut donc
» plus combattre. Sa mère l'attend à Cologne et voudrait le
» soigner, mais il ne pourrait traverser la Belgique en tenue
» militaire sans s'exposer à être fait prisonnier par le gou-
» vernement de ce pays neutre. Oubliez un moment la cou-
» leur de l'uniforme, songez qu'il y a là un enfant et une mère,
» ne voyez qu'elle et lui, et chargez-vous de conduire mon fils
» à Bruxelles en lui prêtant des vêtements bourgeois. Je ferais
» cela sans nulle doute pour une mère française, et il ajouta
» doucement : Ces pauvres mères, on ne songe à elles que
» lorsqu'on est malheureux ou blessé. »

« C'est la seule parole vraiment humaine, d'une mélancolie touchante, que j'ai entendu tomber d'une lèvre prussienne. Lorsque nous revînmes du champ de bataille, le soir, on nous apprit que le jeune officier avait été emmené à Bouillon, peut-être le colonel s'était-il ravisé, ne voulant pas confier son fils à un Français.

« Le prince Albrecht nous congédia bientôt fort gracieuse-
ment en donnant à un de ses aides de camp l'ordre de nous signer un sauf conduit pour la Belgique. Il nous fallut mon-
ter à l'étage supérieur, et l'officier d'état-major, un hussard noir, jeune, souriant, la moustache brune et frisée, avant de signer notre *exéat* et de le sceller aux armes du prince, se donna cette satisfaction de nous expliquer les opérations des jours précédents, les surprises de Beaumont, l'attaque de Carignan, la marche des troupes royales le long de la Meuse. Nous l'eussions volontiers tenu quitte de ces récits qu'il commentait en nous montrant sur une carte les positions respectives des deux armées ; c'était une carte de notre état-
major français mais annotée en allemand, complétée par des indications écrites ou chiffrées, constellée de traits au crayon rouge ou bleu. Il voulait nous retenir encore pour nous donner l'assurance que Mac-Mahon eut été aussi faci-
lement battu, s'il eut attendu les Allemands à Châlons ; mais cette conversation était décidément trop pénible et je m'éloi-
gnai. »

. . . .

« Nous n'avions plus trois cents pas à faire pour atteindre

la frontière, nous apercevions déjà la maison des douaniers belges, lorsque tout à coup sur la lisière d'un bois, au bout d'un pré, un homme apparut, un artilleur français, grand, maigre, couvert de poussière, qui s'abattit brusquement de toute sa hauteur sur l'herbe, comme si une balle l'eut frappé : nous le crûmes mort. Nous accourons vers lui, il buvait, il lappait un peu d'eau au courant d'un ruisseau comme un chien altéré ; au bruit de nos pas l'homme se redressa. Sa moustache et ses oreilles blanches de poussière, la visière tordue de son képi, ses vêtements, lui donnaient l'aspect d'un vieillard et d'un pauvre, il portait sa carabine en bandouillère et fit un mouvement pour la saisir. « Nous sommes français ».— Ah ! dit-il d'un ton rauque et il se recula en essuyant ses genoux. Nous voulûmes alors le faire parler lui demandant s'il avait faim.

« — Non je n'ai pas faim, javais soif, voilà tout. Quand on
» a vu ce que j'ai vu on n'a pas faim. Des chefs qui étaient
» au café prenant le cognac ou dans leurs chambres, en
» pantoufles, tandis qu'on nous attaquait ! ma pauvre batte-
» rie enlevée ! les chevaux hâchés, les camarades morts ! ou
» suis-je ici ? — A quelques pas de la Belgique, la Belgique
» est là, tenez venez avec nous. — Moi ! non, et pourquoi
» irai-je en Belgique ? Est-ce que je suis Belge. D'ailleurs,
» voyez-vous, je n'ai pas fini. Avez-vous entendu tout à l'heu-
» re deux coups de feu dans le bois.. ? eh ! bien, c'était moi,
» j'ai *descendu* deux uhlans, un chef et un homme. L'homme
» avait une carabine ; alors comme il ne me reste plus de
» cartouches je me disais : je vais prendre les siennes, mais
» voilà, tonnerre de Dieu ! le calibre n'est pas le même, les
» cartouches de l'allemand ne sont bonnes à rien. Enfin tant
» pis, mon arme est chargée, il en reste encore un coup à
» tirer, je vais le tirer. — Vous allez retourner dans le bois ?
» C'est de la folie, on vous tuera. — C'est bien possible ;
» seulement avant cela, j'en ai encore un à tuer, et je vais le
» tuer, je vous en donne mon billet. Bonjour, Messieurs. »
Et l'artilleur, froid, résolu, rentra dans le bois, où il disparut,
sa carabine sur l'épaule. »

Ce récit dramatique forme peut-être ici hors d'œuvre, mais le lecteur ne s'en plaindra pas, et puis le titre choisi : *Le Patriotisme Limousin*, autorise la reproduction du récit d'un chroniqueur dont la correspondance et les livres débordent du patriotisme le plus pur ?

Encore une citation de Claretie ; je découpe le passage suivant dans une de ses chroniques de l'*Opinion nationale*, datée de Libramont, le 3 septembre :

« ... J'ai encore dans l'oreille et dans le cœur les hurrahs de l'armée prussienne, innombrable fourmillière noire acclamant son roi, tandis que les fanfares jouaient lentement la prière de *Lohengrin* de Wagner, quelle souffrance ! Je contenais ma rage. Pauvre et chère Patrie ! J'ai ramassé dans un ruisseau un lambeau de soie tricolore...

« Vive la France, n'ayez crainte, la France est immortelle ! »

IV

Les engagements volontaires furent très nombreux dans notre département. Dans son numéro portant la date du 12 août, le *Courrier du Centre* dit, d'après des documents officiels, que, à cette date, le nombre des volontaires qui s'étaient fait inscrire à Limoges s'élevait à *dix-neuf cents*. Cet élan ne se ralentit guère par la suite.

Parmi les volontaires limousins, nous citerons un vieillard, M. Etienne, né en 1803, et par conséquent âgé de 67 ans en 1870. Encore solide et vigoureux, il s'engagea au commencement d'août et fût, à sa demande, immédiatement dirigé sur son ancien régiment, le 8e de ligne. J'ignore quel fut le sort de ce patriote ; il était juste de l'âge de M. Lockroy, le père de l'homme politique bien connu, qui s'engagea également comme simple soldat, et passa longtemps pour avoir été le plus âgé de nos volontaires; il serait possible que notre département ait tenu ce si honorable record, comme on dirait aujourd'hui : en effet, nos anciens mobiles se souviennent certainement d'un vieux tambour, à barbe entièrement blanche ; il était un peu cassé, ce qui lui était bien permis, car il avait 71 ans, mais il montrait bon courage et ne restait pas en arrière ; on le vit à Terminiers faire bonne contenance devant la pluie des obus. Les misères de la retraite, le froid, la faim, les marches sans trêves ni relâches parurent l'atteindre cruellement; maigre, décharné, mais toujours trottinant avec sa caisse, une peau de rechange sur son sac qui l'accablait, toujours fier cependant, il semblait un spectre échappé de la « grande revue ». On ne le vit plus après l'évacuation d'Orléans ; cet humble serviteur de la patrie a dû tomber sur quelque route... Son souvenir devait être rappelé ici.

Il faut encore citer M. Léon Dupetit, âgé de 62 ans bien sonnés au moment où il s'engagea dans un régiment de cavalerie où il resta jusqu'à la fin de la guerre ; il devint brigadier et reçut la croix de la Légion d'honneur. C'était un beau vieillard à barbe blanche que ses chefs citaient comme un soldat modèle. Il avait su conquérir la respectueuse amitié de ses camarades.

Parmi les très jeunes gens qui s'engagèrent au début de la guerre, il faut citer M. Louis Dutour, qui, âgé de 17 ans à peine s'enrôla dans l'armée active ; il fut blessé à Beaune-la-Rollande. Le jeune Dalesme, petit-fils du général Dalesme, parti de Limoges en 1793, comme commandant du 2e bataillon des volontaires de la Haute-Vienne, n'était également âgé que de 17 ans.

Nicolas Gautier doit avoir ici une mention spéciale ; il n'avait pas dix-huit ans lorsque, le 30 août, à Beaumont, il tomba frappé d'une balle au front ; il avait assisté aux batailles de Wissembourg et de Frœschwiller.

Un trait à noter, M. Massanaud, instituteur à Château-Chervix, demanda à l'inspecteur d'Académie l'autorisation de fermer son école avant l'époque ordinaire des vacances pour prendre un engagement militaire, autorisation qui lui fut immédiatement accordée, bien entendu.

Dans un livre que j'ai cité déjà à plusieurs reprises, le *Souvenir consacré aux anciens élèves du Lycée morts pendant la guerre*, je trouve une page bien touchante ; elle est consacrée à Henri Péret, né en 1838, tué à Meung le 9 décembre, je reproduis en entier cet intéressant article :

« Arrive l'horrible guerre ; nos désastres éclatent comme des coups de foudre retentissants au milieu d'un ciel pur, tant ils étaient imprévus, tant cette nation confiante dans sa force, dans son prestige militaire, était peu préparée à les subir ! Forbach, Reischoffen, Sedan, jours terribles. La patrie est foulée par l'envahisseur ; l'honneur, sauvé dans des luttes héroïques, s'effondre à Sedan. Notre fierté nationale était abattue, mais nous avions encore des âmes généreuses. Péret en était une. Il conserve tous les enthousiasmes, toutes les espérances. Il ne se préoccupe pas de savoir si nos efforts sont incohérents, si la lutte est devenue impossible. On appelle tous les hommes valides de son âge. Il est dispensé, fils aîné de veuve, d'une corpulence excessive, il doit rester dans ses foyers. Chaque nuit il pleure de ne pouvoir partir..... Mais sa mère le retient. Que deviendra cette pauvre femme sur le déclin de sa vie ? Sans doute ses amis ne l'abandonneront pas, mais comment obtenir son consentement ?...

» Un jour, c'était le 24 septembre, sa mère, désolée de cet état de désespoir violent, vient le trouver ; elle l'a entendu sangloter la nuit, elle s'assied près de son lit : « Mon » enfant, dit-elle, tu ne pourras résister à tant de douleurs, » sois calme, je t'en supplie ! — O ma mère, ma bonne mère, » si tu savais ce que je souffre !... Non, je ne puis pas me » résigner à ne pas payer ma dette à la patrie malheureuse. » Laisse-moi partir ! Toi seule peut m'y autoriser, car toi » seule tu y fais obstacle ». Alors a lieu une scène déchirante entre la mère et le fils. C'est l'amour filial le plus tendre et l'amour de la patrie qui se livrent un combat meurtrier sous les yeux d'une mère éplorée qui demande à Dieu de l'éclairer, de la soutenir, de lui inspirer le meilleur conseil. L'héroïsme l'emporte : « Va, mon enfant, je sais comme tu » aimes ta mère ! Dieu me le rendra sans doute, ce fils bien-» aimé ; je le donne à la France en détresse ! — O ma mère, » tu es la meilleure de toutes les mères », et sans attendre un instant, Henri sort et va s'engager à la mairie, au 10e de ligne. Le lendemain au matin il partait avec le dépôt du régiment pour aller à Langres. Pas un ami n'avait été consulté, il fuyait ces dernières et cruelles émotions. »

D'autres de nos compatriotes tombés au champ d'honneur, durent, avant de s'engager, vaincre les résistances maternelles ; parmi ceux-là il faut citer Coste et Larue-Dubarry, engagés au 10e de ligne.

Attirés par le prestige qui entourait le colonel Ardant du Picq, un certain nombre de nos compatriotes s'engagèrent au 10e de ligne ; ils avaient soif de se battre et ils savaient qu'avec Ardant ils ne seraient pas épargnés. Voici les noms de ces courageux jeunes gens : Paul Coudert, Henri Tanchon, Paul Larue-Dubarry, Jules Larue-Dubarry, Lucien Jude-Lacombe, Léon Poumeau, Théodore Plainemaison, Lucien Beaudout, Sallé, Badout. Quelques autres Limousins

6

se trouvaient déjà au 10ᵉ, Manbert, Landeau, Barrière, par exemple. Victor-Jean-Baptiste Coste, sergent au 71ᵉ mobile, rendit ses galons pour s'engager au 10ᵉ de ligne, mais cet engagement n'eut lieu que quelques semaines après ceux des jeunes gens dont les noms sont cités plus haut. Coste ne reçut pas la même direction ; il fut blessé à Terminiers, le 2 décembre, conduit à Orléans, il y subit l'extraction de la balle qui l'avait frappé, mais le tétanos ne tarda pas à se déclarer; Coste mourut le 13 décembre, à l'âge de 25 ans.

Ce fut le 13 août que nos compatriotes s'enrôlèrent ; le 19, six compagnies extraites du dépôt, furent dirigées sur Paris, leur départ fut l'occasion d'une belle manifestation patriotique. On venait d'apprendre l'écrasement du 10ᵉ et la mort du colonel Ardant.

A leur arrivée à Paris, les compagnies du 10ᵉ furent versées au 15ᵉ de marche qui devint plus tard le 15ᵉ de marche.

Le 15ᵉ de marche, qui devait faire bravement son devoir, reçut le baptême du feu à la défense de Chatillon — 19 septembre. — Nos volontaires avaient trente-cinq jours de service.

Je transcris presque sans y rien changer les notes qui m'ont été fournies par un témoin oculaire au sujet de cette affaire :

« Le combat commença le 18, à la tombée de la nuit, une ligne de tirailleurs Prussiens sortit du bois de Verrières et s'avança vers le village de Plessis-Picquet, occupé par le 15ᵉ, abrité par une légère fortification. Après quelques coups de fusis échangés de par et d'autre, les prussiens se retirèrent.

» En avant du parc Hachette, se trouvait une petite maison admirablement placée pour servir de poste avancé, dix hommes de bonne volonté furent chargés de s'y maintenir pour surveiller l'ennemi. Pendant les préparatifs de défense, Plainemaison fut assailli par une grêle de balles, dont aucune ne l'atteignit, au moment où il escaladait l'étage supérieur par une fenêtre, à défaut de l'escalier dont les Prussiens avaient fait du feu.

» Après une nuit des plus agitées, pendant laquelle les sentinelles placées en avant du poste ne furent pas relevées, la journée du 19 s'ouvrit par un duel d'artillerie engagé dès l'aube. Les batteries de la redoute de Chatillon, armées à la hâte, fouillaient les bois de Verrières, où se trouve le pittoresque restaurant de Robinson, il faisait un temps splendide.

» Bientôt le 15e de marche est attaqué par l'infanterie Bavaroise, la bataille devient générale ; à onze heures, une bien regrettable défaillance se produit à notre gauche où de jeunes troupes se débandent, mais grâce à la solidité du 15e, énergiquement commandé par le colonel Bonnet, nous nous maintenons au village de Plessis-Picquet que nous n'évacuons que le soir et lorsque tout espoir d'arrêter les allemands est perdu. A la suite de cette affaire, plusieurs régiments et notamment le 15e de ligne furent portés à l'ordre du jour de l'armée.

» La petite poignée d'hommes qui se trouvait dans la maison transformée en blockauss y demeura abandonnée pendant 24 heures ; ces braves gens y restèrent en tout 36 heures. »

Lucien Baudout, qui se trouvait au poste avancé, avec Paul Tanchon et l'un des Larue-Dubarry, reçut à la tête un coup de feu qui lui enleva une partie de l'oreille droite ; à la suite de cette blessure il tomba évanoui perdant beaucoup de sang. Sans le dévouement de Larue-Dubarry, il fut resté aux mains de l'ennemi, ce qui arriva au sergent Dor, qui commandait le blokauss.

On a vu que le 15e de marche fut porté à l'ordre du jour, il faut noter que plusieurs de nos compatriotes, qui faisaient parti de ce régiment, eurent individuellement l'honneur de cette haute distinction.

Le 15e de marche ne prit pas part aux combats de Villejuit et de Chevilly (23 et 30 septembre), nous le retrouvons à Bagneux, 13 octobre, où il fait quelques prisonniers Bavarois.

25,000 hommes et 80 pièces d'artillerie prirent part à l'action. Il s'agissait de reprendre aux Prussiens le village de Bagneux ; ce fut à cette affaire que le comte de Dampierre trouva une mort glorieuse, à la tête des mobiles de l'Aude.

Le 15e soutenait nos batteries ; pendant toute l'affaire, il se trouva exposé au feu de l'artillerie ennemie, qui cherchait à éteindre le nôtre.

Ce brave régiment était protégé par des gabions et des épaulements construits à la hâte ; mais nos soldats, par un excès de bravoure et pour mieux diriger leurs coups se hissèrent sur les gabions. C'est là que Lucien Jude-Lacombe fut atteint d'un éclat d'obus à la main gauche ; malgré les douleurs atroces qu'il ressentait, il voulut rester avec ses camarades.

Conduit à Paris, le soir il entra dans une ambulance, rue de Turenne ; le 30, deux de ses amis vinrent l'y voir : depuis deux jours le pauvre garçon reposait au Père-Lachaise. On remit aux deux soldats quelques objets qui avaient appartenu à Lacombe pour les rendre à sa famille. Ce devoir a été pieusement rempli.

Jude-Lacombe était âgé de 24 ans ; en s'engageant, il comprenait qu'il allait à la mort : « Nous nous ferons tuer, lui entendit-on dire, nous devons notre sang à la patrie ».

Le 21 octobre, le 15ᵉ prit part à l'affaire de la Malmaison ; rien de particulier à signaler au sujet de nos compatriotes.

La bataille de Champigny (30 novembre et 2 décembre) fut la quatrième affaire dans laquelle figura le 15ᵉ devenu le 115ᵉ de marche. Les détails en sont trop connus pour qu'il soit nécessaire d'en retracer ici les diverses péripéties. Il suffit de dire que le 115ᵉ donna à l'attaque de Montmély, où il éprouva des pertes très sérieuses. Ce fut à la tête de ce régiment que le général Ladreit de La Charrière enleva les positions retranchées de l'ennemi.

Le général Ducrot, dans son livre sur la guerre, rend justice au courage et à l'entrain dont fit preuve le 115ᵉ.

La division Susbielle, à laquelle appartenait notre régiment, occupa successivement les villages de Mesly et de Montmély. L'ennemi défendit ces positions avec acharnement, le versant du coteau qu'il s'agissait de franchir était incessamment balayé par le feu des Allemands qui décimaient nos colonnes ; le général Ladreit de la Charrière, son képi au bout de son épée, s'élança bravement à la tête du 115ᵉ qui, par un élan irrésistible, pénétra dans le village, mais le vaillant général tomba la main droite brisée par une balle et la cuisse gauche fracassée ; les soldats qu'il avait si brillamment enlevé continuèrent leur marche en avant et, s'étant emparés des deux villages, s'y maintinrent jusqu'à la nuit ; ils en furent délogés par le retour offensif des Wurtembergeois, appuyés par la brigade de Trossel, du 2ᵉ corps allemand.

Une charge de cavalerie, dirigée contre le 1ᵉʳ bataillon du 115ᵉ fut arrêtée par une batterie de mitrailleuses placée au centre du carré formé par le bataillon et fort à propos démasquée. La retraite fut aussi périlleuse que l'attaque.

Le 115ᵉ se trouva réduit à la moitié de son effectif ; il eut la plupart de ses officiers tués ou mis hors de combat. La compagnie à laquelle appartenait nos compatriotes ne comptait plus que 33 hommes.

Ce fut au retour que Léon Poumeau aperçut le général Ladreit en proie aux plus cruelles souffrances, gisant sur la terre glacée. Aidé du soldat Thibault, également du 115ᵉ, Poumeau plaça le général sur une toile de tente et, sous une grêle de balles, tous deux l'emportèrent du champ de bataille. Trois jours après, il mourait en prononçant ces nobles paroles : « Si nos armées savent mourir, peut-être sauveront-elles la France ! » Léon Poumeau et Thibault furent décorés.

Pendant la retraite, le capitaine adjudant-major Tarrigo faisant sonner la charge, s'écria : « A moi le 115ᵉ ! » Il fut suivi par une poignée de braves résolus à la mort... Ils s'arrêtent et sont aussitôt entourés par une nuée de cavaliers ennemis. Ils se défendirent vaillamment à la baïonnette mais, écrasés par le nombre, ils tombent presque tous, hâchés de coups de sabres.

Ce fut là que périt le malheureux Paul Larue-Dubarry. Son frère le vit pour la dernière fois tirant sans trembler en face de la mort.

Un des rares survivants de cette action héroïque eut le visage tellement balafré que, à son retour au régiment, après la guerre, ses camarades ne le reconnaissaient pas. Ses oreilles étaient littéralement enlevées, son nez tailladé, il a fini ses jours à Perpignan.

Le soir, des grand'gardes furent placées en avant de Créteil. Notre compatriote, le sergent Paul Coudert, commandait un poste ; tous ses hommes furent frappés par les balles prussiennes. Resté seul debout, il eut sa capote et son képi criblés de trous. Il reçut la médaille militaire en récompense de son courage.

Un autre de nos compatriotes, Barrière, qui faisait également parti du 115e, fut grièvement blessé ; quelques jours après, il succombait dans une ambulance de la rue des Saints-Pères.

Le 115e presque entièrement détruit ne put prendre une part active à l'action engagée le 2 décembre ; avec d'autres troupes il eut mission de garder Créteil, mission périlleuse, d'ailleurs.

Le 21 décembre nous retrouvons le 115e au Bourget ; ce qui restait des malheureux régiment fut encore décimé, mais aucun de nos compatriotes ne reçut l'atteinte des balles prussiennes.

Le 28 janvier, l'armistice était signée, la garnison de Paris devenait prisonnière de guerre et allait être désarmée. Nos limousins, dont la bonne volonté n'était pas épuisée, déposèrent leurs effets militaires dans des maisons amies, se costumèrent en civils, et, munis de faux passeports qu'ils avaient eux-mêmes fabriqués, ils prirent les premiers trains se dirigeant sur Limoges. Arrivés dans notre ville, ils se présentèrent au général de Prémonuille qui les félicita, puis ils furent incorporés au 80e et au 38e de ligne ; mais la signature de la paix vint bientôt rendre leur dévouement inutile.

Le récit que l'on vient de lire aurait peut-être été mieux placé dans le chapitre consacré à nos Limousins qui, restés à Paris pendant le siège, prirent part à la défense de la capitale. Cependant, il a paru bon de réunir à cette place, les faits qui ont pu être recueillis relativement à nos engagés volontaires.

Je vais maintenant donner quelques détails au sujet des compagnies franches.

Dès le début de la guerre, on songea chez nous à former un corps de francs-tireurs, plusieurs tentatives échouèrent pour diverses causes, mais le mouvement fut bientôt coordonné et, par arrêté préfectoral en date du 27 septembre, une première compagnie de francs-tireurs fut constituée régulièrement, c'était celle que devait commander M. Soudanas ; il convient d'ajouter qu'une grande part revient à M. Lacaux dans la constitution de ce groupe militaire.

Les cadres nommés à l'élection le 23 octobre, furent ainsi composés : capitaine-commandant, Auguste Soudanas ; lieu-

tenant : Clément Bac,(atteint au bras, à Solférino, d'une bles-
sure équivalente à la perte du membre); sous-lieutenant :
Charles Lacaux ; porte-drapeau : Charles Pétiniaud-Dubos;
sergent-major : Emmanuel, Fournier; sergent-fourrier : Paul
Hervy ; sergents : Biardoux, Jules Soudanas, Oscar Bac,
Gustave Godeffroy.

La compagnie Soudanas partit de Limoges le 13 novembre à destination de la 3ᵉ division du 17ᵉ corps ; le 25 du même
mois elle prenait part à l'affaire de Brou ; le même jour elle
capturait à Yèvre une voiture d'officiers, 13 charrettes d'a-
voine et 7 chevaux. Il n'y eut du côté des francs-tireurs aucun tué ou blessé. Pendant toute la campagne, la compagnie
Soudanas ne perdit qu'un homme tué à l'ennemi, bien qu'elle ait toujours noblement fait son devoir.

Une deuxième compagnie se forma sous le nom de : « *les
Amis de Paris* », M. Ernest Lebloys autorisé, par Gambetta,
à lever ce corps avait précédemment été chargé — le 9 septembre — par le général Schmitz, gouverneur de Paris, de
faire construire des barricades forestières conformément à
l'ordonnance du général Trochu.

Je n'ai pu retrouver qu'en partie les cadres de cette compagnie qui avait pour lieutenant M. Dautremont, porte-
drapeau Daniel-Lamazière, sergent-major Maury.

La compagnie Lebloys figura en première ligne d'éclaireurs à la tête du corps d'armée qui attaquait Brun ; à Patay,
elle fut placée en ligne de bataille, mais ne prit pas part à
l'action. Au-dessous de Logrou, le lieutenant Dautremont
embusqué avec son camarade Teytaud, et deux autres
francs-tireurs, blessa grièvement un uhlan.

M. Mabille poursuivit la formation d'une troisième compagnie, mais les décrets qui mobilisèrent une grande partie de
la population en état de porter les armes vinrent rendre les
levées de francs-tireurs difficiles.

Au moment où on tentait de former cette compagnie, un
officier délégué du général Lipowski, le célèbre commandant des francs-tireurs de Paris, vint à Limoges pour faire
des enrôlements. Cet officier nommé Zelienski commença
ses opérations le 13 décembre et put bientôt partir ayant
réuni 30 hommes environ.

Enfin il se constitua une autre compagnie formée de très jeunes gens.

Je terminerai ce très rapide coup d'œil sur nos francs-tireurs en rappelant que trois de nos compatriotes, Emile Bardenat, Henri Bardenat et Charles Sazerat faisaient partie des francs-tireurs de Paris (commandant Lipowski) qui pri_rent une part si active à l'héroïque défense de Châteaudun. Je trouve dans la *Défense nationale* une intéressante relation de la défense de Châteaudun adressée à ce journal par M. Emile Bardenat. J'y prend le passage suivant :

« La première bombe renversa deux hommes, l'un est mort et l'autre est gravement blessé à la jambe; la deuxième bombe brisa la jambe d'un homme placé à mes côtés et un éclat du même projectile me frappa en plein ceinturon, perçant ma vareuse et mon pantalon. Je vous avoue que le coup fut si violent que je crus avoir le ventre ouvert; j'en fus quitte heureusement pour une meurtrissure et une légère éraillure de l'épiderme. »

On sait que Châteaudun fut attaqué le 18 octobre vers midi par 12,000 Prussiens soutenus par 30 pièces de canon. Les défenseurs de la ville étaient au nombre de 1,200 francs-tireurs de Paris, de Nantes, de Cannes et gardes nationaux ; à 6 heures, les francs-tireurs, écrasés, battirent en retraite, défendant le terrain pied à pied, la lutte dura toute la nuit dans les rues à la lueur des incendies.

On doit être heureux de constater que trois de nos compatriotes prirent part à ce glorieux fait d'armes.

V

Parmi les malheureux soldats qui, à la suite de nos irréparables désastres de Sedan et de Metz, furent dirigés sur l'Allemage, nos compatriotes étaient nombreux ; on retrouve dans les journaux de l'époque quelques lettres envoyées par nos prisonniers à leurs familles, et que celles-ci firent reproduire par la presse locale ; ces lettres sont en général fort intéressantes et j'y ferai quelques emprunts, mais on m'a remis un document qui me paraît avoir une véritable valeur au point de vue de ce travail, parce que l'on y trouve racontées simplement, brièvement, avec une grande sincérité, les souffrances, les douleurs, les angoisses de nos malheureux soldats pendant leur captivité en Allemagne. Je veux parler d'un carnet où Frédéric Trocaz, soldat au 90° de ligne écrivait ses impressions au jour le jour. Frédéric Trocaz était un brave soldat qui, rentré dans la vie civile, devint un très honorable commerçant ; il est mort récemment à Limoges.

Quelques feuillets du carnet de Trocaz ont disparu ; il commence en nous faisant connaître les impressions de son auteur pendant la bataille de Gravelotte. Ce morceau, écrit sans aucune prétention, conserve la saveur des choses vues, senties, vécues ; en voici la reproduction :

« ... Quel coup d'œil, autant que la vue puisse s'étendre, on ne voit que des soldats... à midi, l'artillerie se porte en avant ; dans le lointain, on aperçoit des masses noires, ce sont les Prussiens ; la journée se passe en allées et venues, la nuit arrive ; rien de nouveau...

» Le lendemain au matin (15 août), on nous fait battre en retraite sur Metz — quel tohu bohu ! — artillerie, cavalerie, infanterie, tout est pêle mêle ; avant de partir, on met le feu à tout ce qui reste de vivres, et Dieu sait s'il y en a. Mon bataillon est désigné pour l'escorte des bagages, il fait une chaleur atroce et une poussière aveuglante ; les roues des voitures s'accrochent les unes aux autres, les gendarmes crient, il y a de quoi perdre la tête... et il faut marcher — toujours — avec ces maudites voitures. L'armée vient derrière nous. Nous arrivons à quatre heures du soir dans un village sur les bords de la Moselle où nous croyons passer la nuit ; à peine avons-nous le temps de faire la soupe, notre unique repas de la journée, qu'un orage épouvantable se déchaine et l'ordre nous arrive de partir pour rejoindre l'armée. On a beau dire qu'on ne peut plus marcher, il faut se remettre en route. Il est huit heures quand nous partons avec une pluie battante ; pas moyen de marcher, la route est encombrée de voitures, de chevaux et de soldats, pas moyen de s'y reconnaître ; j'entre dans une cour et je me couche sur un fagot qu'un gendarme avait apporté pour lui, nous nous disputons et nous finissons par partager le fagot ; j'étends sur moi mon couvre-pieds et je tâche de m'endormir, il est une heure du matin ; la pluie n'a pas lâché, le jour arrive ; je tâche de reconnaître où est mon régiment, ce n'est pas chose facile ; tout notre corps d'armée est campé dans les champs de côté et d'autre, enfin après beaucoup de fatigue je réussis à rejoindre mes camarades au moment où on rendait l'appel.

» Après le café, on tâche de se nettoyer et à midi on se remet en marche vers Metz. La nuit arrive. Toujours à marcher, tout le monde murmure; des groupes d'hommes se détachent et vont camper ensemble sur le bord de la route et dans les champs; les officiers ne sont plus écoutés, eux-mêmes murmurent; enfin, nous arrivons à trois heures du matin pour camper; nous repartons à six heures pour Metz, nous campons en avant du fort Saint-Julien.

. . . .

» Le soir à trois heures, on nous fait prendre les armes, la canonnade s'engage, nous sommes presque seuls, les troupes sont sous Metz ; aussitôt on fait déployer mon régiment en tirailleurs dans notre artillerie ; c'est le premier feu auquel nous assistons... Notre artillerie a anéanti celle des Prussiens ; les renforts arrivent au pas gymnastique. On nous fait quitter notre ligne de tirailleurs pour nous engager sur la droite où la fusillade crépite sur toute la ligne, c'est un pêle mêle général, la nuit arrive, les mitrailleuses continuent à anéantir; quant à nous, la confusion se mêle dans nos rangs ; on a tiré sur les chasseurs, c'est le 13° de ligne ; les chasseurs reçoivent une fusillade meurtrière qui met la confusion dans les rangs; les officiers ont toutes les peines du monde à maintenir leurs troupes ; l'on crie : « La cavalerie ! la cavalerie ! » Aussitôt l'on se rallie du mieux que l'on peut, mais il ne vient rien, l'on entend toujours le canon et la fusillade, les Prussiens sont repoussés avec beaucoup de pertes, nous retournons dans notre camp. On se prépare à faire le café, les marmites sont sur le feu, un ordre arrive, il faut partir, on jette l'eau et l'on se met en route; pas moyen de marcher, c'est un encombrement sans pareil, toutes les troupes retournent vers Metz ; on garde le milieu de la route pour les cacolets — quelle ligne de blessés ! — nous restons dans un champ où nous croyons camper, mais non, on nous fait traverser la Moselle ; il fait nuit quand nous arrivons. On a deux heures pour se reposer et faire le café et l'on se remet en route pour aller camper plus loin, sur la ligne du chemin de fer où est notre corps d'armée. Nous y restons toute la journée du 15 août — triste fête — il y a un joli petit village

— c'est Voipy, — je vois la procession sortir de l'église, que de souvenir cela me rappelle !

» Le lendemain au matin, l'on part à 5 heures ; où allons-nous, on l'ignore ; il est dix heures lorsque l'on fait la halte ; on entend le canon gronder dans le lointain, nous remettons sac au dos et en marche ! Il est midi quand nous arrivons à Gravelotte, nous mettons sac à terre, nous sommes éreintés de fatigue et de chaleur, on nous fait partir au pas gymnastique sur le lieu du combat ; la terre tremble de tous côtés, la bataille est engagée, il fait une chaleur terrible, on n'entend que le canon et la fusillade... et des cris de désespoir. Nous sommes en ligne de bataille ; mon bataillon reçoit l'ordre d'aller occuper coûte que coûte une ferme du côté des Prussiens, nous traversons le champ de bataille sous une grêle d'obus ; heureusement pour nous, il n'y a personne dans la ferme, les Prussiens l'ont évacué, quelques obus nous arrivent encore, mais ne nous font pas de mal ; de la ferme, on voit la charge de cavalerie — que la guerre est affreuse ! — la nuit arrive, on ramasse les blessés ; tous voudraient être ramassés ; cela fait mal de voir tant de monde tués ou blessés. Pendant toute la nuit, ce ne sont que des cris de tous côtés ; ma compagnie reste là jusqu'au lendemain à dix heures, nous n'avons rien mangé depuis la veille au matin. Enfin nous allons au camp.............................
(Ici le manuscrit présente une lacune.)

«...Nous partons en avant, on nous met derrière une rangée de peupliers, on ne peut y tenir, la mitraille nous écrase, les peupliers servent de point de mire ; nous marchons en avant, il est midi, on nous fait coucher à plat ventre, nous y restons jusqu'à dix heures du soir ; quelle affreuse journée, pas moyen de bouger, les hommes sont enlevés sans tirer un coup de fusil ; je fais mes adieux à ma famille et à mon pays et j'attends ma destinée, elle m'a été favorable ; un obus arrive dans nos rangs et enlève la tête à un homme à côté de moi et en blesse un autre très grièvement à la jambe ; moi, j'ai mon pantalon et ma capote traversés, je puis dire que je l'ai échappé belle. A trois heures, notre artillerie cesse de tirer, faute de munitions ; le désespoir prend tout le monde, qu'allons-nous devenir ? La mitraille prussienne continue son œuvre meurtrière, nos mitrailleuses ne marchent plus, notre colonel nous fait défendre de tirer afin de donner le change à l'ennemi ; à 4 heures on entend sonner la marche à notre droite, l'espoir revient, mais rien n'arrive!

» Il est 9 heures lorsque nous quittons le champ de bataille, nous regagnons notre campement dans le plus grand silence. Défense de faire du feu. Toutes les troupes sont parties en débandade dès le soir. Nous partons le matin à 5 heures, on voit des Prussiens de tous côtés ; ils pouvaient prendre tout le régiment prisonnier s'ils avaient voulu, nous étions seuls. Quelle triste nuit les blessés ont passé, de tous côtés on n'entendait que les cris de ces malheureux, et personne pour les secourir : tout est parti le soir...

» Le matin en partant, nous passons dans un village, les maisons sont pleines de blessés et de morts, quel triste spectacle ! la route est pleine de voitures de vivres abandonnées, les champs sont couverts de sacs et d'objets de campement; pour partir plus vite, on avait tout abandonné ; je suis à l'avant-garde avec le général Pradier qui n'a pas quitté le régiment, nous arrivons dans Metz, notre général de division était sur la route qui nous attendait ; il a eu une conversation animée avec notre général de brigade qui lui dit qu'il ne comprenait pas qu'on nous eut abandonné de la sorte et que de sa vie il n'avait vu un aussi triste champs de bataille que le nôtre pendant la nuit du 18 au 19, enfin nous arrivons au camp.... »

» .... Nous sommes cernés, que va-t-on faire? On parle de faire une sortie, tout le monde la désire afin de ne pas rester ainsi isolés, perdus, sans nouvelles.... »

Je regrette que le manque d'espace ne me permette pas de donner une analyse même sommaire de l'attachant journal où notre compatriote a écrit ses impressions au jour le jour, je reproduis cependant le récit très mouvementé que nous fait Trocaz, d'un combat qui eut lieu le 31 août.

..... Nous traversons la Moselle ; de tous les côtés les troupes sont en l'air, enfin nous arrivons au fort de Saint-Julien où l'on dit que l'on va commencer à faire la trouée, on marche encore en avant, on se trouve dans le terrain où l'on s'est battu le 14. On a une heure pour faire le café, tout le monde est en ligne, les régiments arrivent de tous côtés; l'on voit qu'il va se passer quelque chose de sérieux, l'on plaisante, il avait été question de nous faire passer une revue....

une drôle de revue..... à 2 heures 1|2, mon bataillon est envoyé pour faire des redoutes devant l'artillerie — il fait une chaleur terrible, les uns ont des pelles, les autres des pioches, on nous recommande instamment de nous dépêcher, la redoute est à peine terminée que le feu commence, nous rejoignons le régiment, nous marchons en avant, on se couche encore à plat ventre, nous sommes devant notre artillerie, nous restons dans cette position jusqu'à 6 heures ; la mitraille, les obus nous aveuglent par suite des mottes de terre soulevées tout autour de nous. Enfin notre artillerie a éreinté les Prussiens sur toute la ligne, l'ordre est donné de marcher en avant, nous entendons battre la charge de tous côtés, nous nous mettons au pas gymnastique sous une grêle de bombes et de balles. C'est quelque chose d'infernal, on n'entend que des cris de désespoir et de rage, on tient les Prussiens à la baïonnette, nos soldats chantent la *Marseillaise*, nous oublions la mort, le contentement est partout, la nuit arrive trop tôt, mais la fusillade continue toujours — quelle sinistre couleur ont les feux de l'ennemi — Les Prussiens sont retranchés dans un village, ils ne font que tirer sur nous, nous arrivons au pied du village, nous sommes à cent pas des Prussiens, nous entendons le bruit de leurs voitures qui partent dans toutes les directions, nous les entendons parler, nous restons couchés à plat ventre dans le plus grand silence, sans pouvoir fumer ni allumer le moindre feu jusqu'à deux heures du matin, enfin l'ordre arrive de retourner dans nos camps, — sur notre route partout des soldats en train de faire la soupe ou le café.

» Nous arrivons.... le jour commence à poindre, on voudrait bien se reposer un peu, défense de faire le café.... Je suis détaché au bois...— quel triste spectacle, — Que de pauvres soldats étendus sans vie... aux uns, il manque la tête, aux autres, les bras, les jambes.... à peine avons-nous pris le café que la fusillade recommence ; ce sont les Prussiens qui nous attaquent ; toute la nuit des renforts leur sont arrivés ; nous quittons notre camp pour aller de l'autre côté de la route où déjà le feu est commencé, plusieurs régiments sont déployés en tirailleurs, les obus nous fauchent...

» A neuf heures et demie, nos troupes commencent à faiblir, l'artillerie ennemie les décime, les écrase sous un feu terrible, les nôtres ne peuvent plus tenir, reculent, puis c'est une débandade que nos officiers essayent d'arrêter, peine perdue, nous-mêmes nous sommes forcés à battre rapidement en retraite sous une grêle d'obus... on a perdu beaucoup de monde... pauvre France ! »

Les plus mauvais jours sont arrivés, nos malheureux soldats font le service le plus pénible, les travaux de terrassements, on reste 24 heures sans bouger dans des trous où quatre hommes sont réunis, les grand'gardes épuisent leurs forces mal soutenues par une nourriture insuffisante et de mauvaise qualité, plus de vache, du cheval, la ration de pain est diminuée, le sel manque...

Le 30 octobre, une prise d'armes... va-t-on faire une nouvelle tentative de trouée !... mais nos hommes sont rendus, nos chevaux fourbus !...

Le régiment de Frédéric Trocaz se porte dans les bois de Vigneul, l'objectif est une ferme occupée par les Prussiens et qu'il s'agit d'enlever, les nôtres arrivent jusqu'à deux cents pas de l'ennemi, mais la ferme est crénelée, les Prussiens l'ont rendu imprenable, il faut battre en retraite, nos pertes sont sensibles.

... Nos soldats sont revenus au camp... ils ont rapporté des pommes de terre... bonheur suprême !... « Nous arrivons à nos tentes bien fatigués, continue Frédéric Trocaz, mais bien heureux de nos pommes de terre... on pourrait les appeler « pommes de sang », tant elles en ont coûté !... nous en mettons partout, dans la soupe, dans le rata, comme dessert en robe de chambre mais sans beurre... il y a longtemps que nous n'avions pas fait un pareil régal.

» Plus le temps s'avance, plus la faim se fait sentir, les chevaux crèvent sur place, à peine sont-ils morts qu'ils sont dépouillés, malgré l'ordre formel de ne pas toucher aux chevaux crevés...

» Nous sommes à 100 grammes de pain, puis plus rien, on distribue de la graine de trèfle, l'effet est désastreux... nous avons des coliques affreuses...

» ... Le 23 octobre, on nous annonce qu'il faut pousser jusqu'au 26 les vivres de réserve que l'on nous a remis pour deux jours... le bruit se répand que l'on négocie des arrangements avec le prince Frédéric Charles, nous rentrerons en France pour rétablir l'ordre... nous sortirons avec les honneurs de la guerre... erreur... le 26 arrive, rien, le lendemain rien encore ; on voit les hommes dans les champs comme des bestiaux cherchant à trouver quelques herbes, quelques plantes, de quoi ne pas mourir de faim ; les plus hardis vont jusqu'aux avant-postes des Prussiens qui leur donnent un peu de lard, du pain, et leur laissent ramasser des pommes de terre.

. . . .

» Dans la matinée on fait rendre les drapeaux des régiments et dans la soirée on nous fait apporter nos fusils et nos ceinturons au fort Saint-Quentin, nous devions partir le lendemain, je vais faire mes adieux à Philippe Bossela, à Barreau et à Bucheron, j'ai déjeuné avec eux, on se quitte en se désirant naturellement une bonne santé...

» ... Enfin l'heure arrive, on fait l'appel et on va nous livrer à nos acheteurs. Honte et malédiction aux hommes qui sont cause de tant de ruines et de désespoir. Il fait une pluie battante, nous partons de notre camp pour aller chez les Prussiens, les routes sont complètement perdues, il y a un pied de boue, nous arrivons aux avant-postes Prussiens. Le commandant du 4e corps est là avec son état-major, c'est le général Ladmiraud, le seul, avec le général Bourbaki qui n'ait pas signé la capitulation. Il pleure à chaudes larmes en nous voyant passer; nos officiers nous serrent la main en nous quittant, nous sommes entre les mains des Prussiens — Sur toute notre route une haie de factionnaires prussiens, l'armée prussienne en ligne de bataille — nous arrivons à Saint-Privat où nous nous sommes battus le 18, la pluie ne nous a pas lâché, les Prussiens nous distribuent du pain et du lard, le pain est noir comme la cheminée, malgré cela nous nous en régalons, nous faisons un peu de café et nous passons la nuit autour des feux, nous ne pouvons monter les tentes, le terrain est trop détrempé..... »

Il me faut borner mes citations et cependant combien il serait intéressant de reproduire dans son entier le récit poignant dans sa simplicité que nous fait notre compatriote des indicibles souffrances qu'il a supportées avec des milliers de camarades, pendant les longs mois de captivité.

Voici quelques faits : dans une seule nuit un seul régiment perd trente hommes, littéralement morts de froid. Nos

pauvres soldats crèvent de faim ils cherchent à saisir des pains dans des charrettes qui passent, les soldats prussiens les repoussent brutalement à coups de plat de sabre, parfois quelques manifestations de touchante pitié. A Boulay de braves gens distribuent adroitement de l'argent et des passe-ports à un assez grand nombre de nos soldats qui peuvent fuir et ne s'en font pas faute ; à Trobonne les habitants de trois cantons se sont cotisés pour distribuer aux prisonniers de la paille, des pommes de terre et du pain.

A Sarrelouis, nos malheureux compatriotes prennent le chemin de fer, on les entasse les uns sur les autres sur des plateformes.

Frédéric Trocaz est interné à Roslock, les détails qu'il donne sont navrants : lui et ses camarades sont enfermés dans une salle empoisonnée de pipe et « d'odeurs différentes.» « ...Les forçats, dit-il, sont gardés moins sévèrement; que nous, nous avons des factionnaires de tous côtés nous sommes comme des bêtes curieuses, pour nous voir il faut payer 40 centimes, malgré cela nous ne manquons pas de visiteurs, mais c'est à peine si on tolère qu'ils nous parlent, plusieurs s'expriment en français; ce serait une distraction pour nous...»

La brutalité des Prussiens est révoltante ; un jour, un sergent écrase d'un formidable coup de poing la figure d'un malheureux auquel il reproche de n'avoir pas épluché assez vite les pommes de terre; par surcroit, le pauvre diable reste trois jours au cachot, au pain et à l'eau.

Une dernière citation :

« A l'occasion du premier de l'an, plusieurs de nos cama-rades avaient bu plus qu'il ne fallait, d'ailleurs il leur en fallait bien peu, mais nos gardiens étaient pour la plupart dans un état d'ivresse complet; plusieurs d'entre nous ont été fort maltraités par ces bêtes fauves que l'eau-de-vie rendait fous; quelques Français ont été conduits à la prison de ville, un d'entre eux qui a bousculé et désarmé un fac-tionnaire, vient d'être condamné à être fusillé; Dieu veuille que la sentence ne soit pas exécutée; c'est un jeune homme de 22 ans, bon camarade et bon soldat, il a été blessé trois fois pendant la campagne, et ce serait vraiment trop affreux après tant de souffrances endurées, de tomber assassiné sous les balles prussiennes...»

Ici se termine le journal de Trocaz, le malheureux soldat dont il parle paya-t-il de sa vie une minute d'imprudence... la chose est hélas bien probable.

On vient de lire quelques détails intéressants et vécus, au sujet du siège et de la capitulation de Metz. Voici maintenant, d'après des communications particulières reçues par le journal *la Défense Républicaine*, les noms de plusieurs officiers limousins qui parvinrent à s'échapper après la catastrophe finale ; la liste est bien incomplète :

Le capitaine d'artillerie Brugère — aujourd'hui général — se refusa à signer la capitulation ; il parvint à s'échapper et passa en Suisse, d'où il vint se mettre à la disposition de la délégation du gouvernement de la Défense nationale à Tours.

Les autres officiers évadés étaient : MM. Billot, capitaine d'état-major ; du Bessol, lieutenant-colonel d'état-major du 2º de ligne (plus tard général) ; Tramont, capitaine au 2º de ligne ; Martini, sous-intendant militaire ; Pradel de la Maze, lieutenant au 99º de ligne ; Pradel de la Maze, frère du précédent, sous-lieutenant au 3º hussards ; de Vaublanc, lieutenant au 11º dragons ; Bordas, sous-lieutenant au 2º dragons ; Tallandier, capitaine, promu chef de bataillon ; Crespin, lieutenant au 81º de ligne. Ce dernier gagna le Luxembourg, caché sous des haillons de mendiant, et conduit par un guide à travers les bois ; il rejoignit son régiment à Limoges où il trouva les épaulettes de capitaine, immédiatement il repartit dans un régiment de marche.

Parmi ceux de nos compatriotes, fort nombreux, ainsi que nous l'avons dit, qui s'échappèrent de Metz, se trouvait un simple soldat, ancien ouvrier porcelainier, du nom de Dominique ; il écrivit à sa famille deux longues lettres que le *Courrier du Centre* inséra ; il est intéressant d'en reproduire ici les passages principaux, qui certainement seront lues avec plaisir par nos lecteurs.

Dans la première de ces lettres, Dominique raconte son évasion :

« ...Aussitôt que je connus la capitulation par laquelle l'infâme Bazaine livrait Metz et une armée de 150,000 prisonniers, je résolus de m'évader ; je parlais de mon projet à un nommé Laplaud, de Limoges, qui était à l'ambulance avec moi et il m'approuva.

7

»...Le mardi matin, les officiers de mon régiment prenaient le chemin de fer pour se rendre en Prusse, j'allais avec Laplaud leur dire un dernier bonjour. »

Dominique et Laplaud eurent l'idée, pour se procurer quelques ressources, d'explorer un ancien campement français, ils y trouvèrent une caisse de médicaments qu'ils vendirent dix francs à un pharmacien de Metz ; — la fortune !

« Laplaud, continue notre compatriote, avait fait la connaissance d'un ancien soldat de Limoges, qui s'est marié à Metz. Nous sommes allés chez lui et il nous a donné à chacun une blouse, un pantalon et une casquette. Nous lui avons laissé tous nos effets de soldat en échange, puis, munis chacun d'un bon bâton, nous sommes partis. Ah ! j'oubliais de dire qu'il y a un camarade de l'ambulance qui s'est joint à nous. Nous étions trois, et je vous assure que nous étions décidés à ne pas nous laisser arrêter en route. Comme nous traversions la ville, nous nous apercevons qu'un corps de troupes considérable prenait la même direction que nous, se dirigeant sur Thionville, nous étions obligés de faire route avec eux. Je vous donne à penser si notre position était brillante, car il faut vous dire que si nous avions été reconnus, nous aurions été fusillés; nous nous étions trop avancés pour reculer et nous sommes partis, nous confiant à notre bonne étoile. Nous n'avions pas fait cinq cents pas hors de la ville, que nous rencontrions une bonne femme avec son gendre et sa fille. En passant près d'eux la vieille a dit : « En voilà » trois qui se sauvent. » Alors, moi, je lui ai répondu que oui et que si elle voulait nous ferions route ensemble ; elle m'a répondu que oui. Alors, mes camarades et moi, nous l'avons fait monter dans sa voiture et nous nous sommes attelés après.

» Justement elle était du village que l'on nous a indiqué, où nous devions aller coucher et où il n'y avait plus de Prussiens, de sorte que nous avons pu faire route au milieu des soldats sans que personne ne fasse attention à nous. Nous avons fait ainsi vingt kilomètres au milieu d'eux ; puis ils ont quitté la route que nous suivions, ce dont nous n'avons pas été fâchés. Nous avons rencontré deux ou trois postes, mais personne ne nous a rien dit. Nous sommes arrivés chez cette brave femme à huit heures et demie du soir. Son mari, qui est un ancien soldat, nous a très bien reçus et a été très content, il nous a fait bien souper puis il nous a fait préparer un bon lit. Nous étions tous trois harassés de fatigue. Pensez, avoir fait vingt-huit kilomètres à traîner cette voiture et ayant les jambes malades. Nous n'en pouvions plus et je croyais bien ne pas pouvoir continuer ma route le lendemain. A notre réveil, il y avait un très bon déjeuner de préparé. Nous l'avons mangé et le brave homme a poussé l'obligeance jusqu'à nous graisser nos souliers, ce qui nous a bien soulagés. Puis nous sommes partis, accompagnés des bons souhaits de ces braves gens et du mari qui venait nous accompagner pour nous montrer la route. Nous n'étions pas sortis du village que nous avons rencontré un brave homme qui allait chercher du tabac en Hollande et qui s'est chargé de nous conduire par des passages où nous ne rencontrions pas d'ennemis.

» Partout où nous sommes passés, nous avons été bien accueillis ; l'on nous donnait de l'argent, du pain et l'on nous a fait manger, nous sommes enfin arrivés sur le territoire Luxembourgeois vers les quatre heures de l'après-midi ; nous avons gagné un village nommé Vomsange, où il y a une station de chemin de fer. Là, nous avons pris le train jusqu'à Luxembourg pour rien ; le chef de gare avait ordre de laisser passer tous les échappés de Metz (c'est ainsi qu'ils nous appellent...). »

Nos fugitifs arrivent à Luxembourg où ils sont bien reçus par un boulanger dont ils avaient fait la connaissance dans le train ; ils se rendent chez le consul de France qui leur donne les moyens de gagner Bruxelles, où le consul français leur remet la somme nécessaire pour prendre des billets à destination de Lille.

« ... Nous sommes partis le soir à 6 heures et nous sommes arrivés à Lille à onze heures, continue notre compatriote. A la première gare française que nous avons rencontrée, l'on nous a donné une adresse pour Lille, où nous devions trouver à souper et à coucher. En effet, aussitôt arrivés, nous étions au moins vingt soldats, nous nous sommes rendus chez ce Monsieur dont on nous avait donné l'adresse, et il nous a fait conduire dans un hôtel où nous avons trouvé un lit et un souper. Le lendemain matin, nous nous sommes rendus à la place et l'on nous a placés en subsistance au 31e de ligne...

« ..... Pendant deux mois et demi que je n'ai mangé que la moitié de mon aise, je ne suis pas devenu bien gras et jai besoin de reprendre des joues pour une nouvelle campagne ; mais j'espère que maintenant on va mieux marcher, et que nous n'aurons pas toujours des Napoléon et des Bazaine pour nous trahir.

» Allons, chers parents, ne vous effrayez pas si je vais recommencer à me battre, vous voyez qu'on en revient, et pourtant je me suis trouvé deux ou trois fois dans des positions qui n'étaient pas belles et dont je n'aurais jamais cru sortir ; il est vrai que j'ai reçu une balle à la jambe. Eh bien ! je ne demande pas autre chose aux Prussiens, s'ils veulent me toucher, qu'ils m'en envoient une dans l'autre jambe, avec deux mois d'hôpital on en est quitte ; mais je vous assure que je veux la leur faire payer. Nous sommes ici à peu près troismille échappés qui avons juré de ne leur faire ni grâce ni merci, et si jamais nous leur tombons sur la peau, ils sauront ce que c'est que de fusiller des prisonniers, et puis il faut bien que nous autres, jeunes gens, nous marchions..... »

Le soldat Dominique fut incorporé dans un régiment faisant partie de l'armée du Nord. On trouve dans le *Courrier du Centre* une lettre datée du 10 décembre dans laquelle ce brave militaire raconte la part, prise par le bataillon auquel il appartenait, à l'enlèvement de Ham. Je crois intéressant d'en reproduire les passages principaux.

A la nuit, le bataillon atteint les faubourgs de la ville, les compagnies reçoivent chacune une destination différente, celle de Dominique doit s'emparer de la gare, et couper immédiatement les rails.

« Ah je t'assure, cher ami, écrit notre compatriote, que ça a été bien enlevé. Les Prussiens ne nous attendaient pas, et beaucoup étaient à même de dîner en ville ; nous leur avons payé un riche verre d'absinthe, et au moment où nous arrivions près de la gare, partout les enfants et les femmes sortaient et prononçaient d'une voix étouffée, pour ne pas faire de bruit, le cri de : « Vive la France ! » Alors ne pouvant plus nous retenir, nous avons pris le pas de course et nous nous sommes précipités dans la gare comme une troupe de lions. Nous enfoncions les portes à coups de crosse de fusils et l'on entrait partout la crosse en avant. Il n'y en a qu'un qui a voulu faire de la résistance, il a tiré sur un sergent et l'a manqué, le soldat qui se trouvait le plus près de lui lui a enfoncé sa baïonnette dans la poitrine. Il y a été tellement fort qu'elle s'est cassée et que le morceau est resté dans la blessure. Nous avons ensuite fait quatre prisonniers dont un officier, deux sous-officiers et un soldat. Dans les autres endroits de la ville ça a été la même chose ; partout on les a surpris, il y en a quelques-uns qui ont tiré quelques coups de fusils, mais très peu ; mais le plus fort n'était pas fait ; il restait encore le château qui est fortifié ; mais il y avait peu de monde pour le défendre. Vers les huit heures, l'on a envoyé un officier et un soldat qui parlait allemand leur demander s'ils voulaient parlementer ; ils ont tué le soldat et blessé l'officier. A dix heures, ils ont annoncé qu'ils se rendraient ce matin à six heures. A cinq heures, comme il n'y avait rien de nouveau, l'on nous a avertis de nous tenir prêts, que, s'ils ne rendaient pas le château, nous allions marcher encore à la baïonnette. Mais ils nous ont épargné cette peine et ils se sont rendus à six heures et demie. Toute la garnison a été faite prisonnière, excepté ceux qui se trouvaient en ville que l'on n'aura pas vu et qui auront pu se sauver, mais à chaque instant l'on en prend. Il en est parti environ 200 pour Lille et nous avons appris ce matin que La Fère avait été repris par la première brigade de notre division, ça a fini de nous contenter, et maintenant, cher ami, je reprends confiance et j'espère que l'armée du Nord ne s'arrêtera pas en si beau chemin et que nous pourrons encore chanter notre vieux refrain de la *Marseillaise*..... »

Le 25 novembre arriva à Limoges le commandant Champcommunal, échappé de Metz dans des conditions particulières. Ce brave militaire avait eu la poitrine traversée de part en part par une balle allemande. A peine rétabli, il était parvenu à s'échapper d'entre les mains des Prussiens. En arrivant dans notre ville il portait encore un costume de prêtre qu'il avait revêtu pour son évasion. En passant à Tours il s'était mis à la disposition du gouvernement de la Défense nationale qui lui conféra immédiatement le grade de commandant.

Le commandant Champcommunal est mort il y a quelques années, il était très sympathique à Limoges. Etant élève à l'école militaire, par suite de malheurs de famille, il fut sur le point de quitter l'école ; deux de nos compatriotes, alors étudiants en médecine, allèrent, à son insu, implorer la protection d'une princesse de la famille d'Orléans et, grâce à cette intervention, il put continuer ses études. Ce trait de solidarité, aussi honorable pour celui qui l'avait inspiré que pour ceux qui en avaient pris l'initiative, était à noter ici.

L'odyssée d'Albert Serres, de Limoges, caporal au 13º bataillon de chasseurs à pied, mérite de nous arrêter.

Ce jeune soldat, fait prisonnier à Vœrth, fut conduit à Ingolstadt d'où il s'échappa avec sept de ses camarades ; le 28 novembre, il arriva à Vrufstein dans le Tyrol autrichien le 4 décembre, après avoir fait un trajet de 52 lieues, se cachant le jour, ne marchant que la nuit. Il avait enduré les plus cruelles privations et les plus affreuses souffrances, il comptait se reposer deux jours à Vrufstein, mais l'argent allant lui manquer, il dut continuer bien péniblement sa route, par des chemins difficiles et couverts de neige, jusqu'à Insprucks, capitale du Tyrol, il comptait trouver dans cette ville un consul français qui lui viendrait en aide, car il ne possédait plus que deux francs, et ses pieds blessés refusaient de le porter plus loin. Mais il fut déçu dans ses espérances, nous n'avions pas de consul à Inspruck, il allait donc avec deux de ses compagnons se remettre aux autorité autrichiennes lorsqu'il rencontra un Monsieur qui, les ayant entendu parler, les reconnut pour des Français et leur proposa de les emmener chez lui où ils trouvèrent cinq ou six évadés comme eux.

Nos compatriotes reçurent chez cet excellent homme une très large hospitalité ; on leur remit des passe-ports, des billets de chemin de fer à destination de Vérone et enfin une lettre pour le préfet de cette ville.

Celui-ci leur donna les moyens et l'argent nécessaires pour se rendre à Milan où le consul de France pourvut à leurs besoins et les fit rapatrier.

Albert Serre fut incorporé à Arles au 6º bataillon de chasseurs à pied. « On m'a maintenu dans mon grade, écrivait-il dans une lettre adressée à sa famille, mon intention est bien arrêtée, je retourne au feu, je veux être sous-lieutenant, je le serai ou je mourrai à la peine ; soyez-en sûrs, si je dois mourir, ce sera en soldat. »

L'intéressante lettre suivante, du soldat Delassis, a sa place dans cette étude :

« Beaugency, 1" décembre 1870.

» Mes Chers Parents,

» Ne soyez pas inquiets sur mon sort ; voilà près de trois semaines que je ne vous ai pas écrit ; ce n'est pas ma faute, c'est celle des Prussiens, car dans les combats que nous avons eu à Liche et à Brou, où nous avons été vainqueurs ; nous avons fait une trentaine de prisonniers, pris trois pièces de canon et seize convois de vivres.

» De notre côté, nous avons été pris au nombre de dix et je m'y trouvais. On nous a fait marcher pendant trois nuits sans nous donner de vivres ; le jour on nous enfermait dans des prisons et l'on nous donnait à manger seulement pour nous empêcher de mourir de faim.

» On nous a dévalisé, il ne nous reste plus que ce que nous avons sur le corps ; on a même pris les bottes neuves de l'un d'entre nous et on lui a donné une mauvaise paire de souliers pour faire la route.

» Heureusement pour nous que cela n'a pas duré long-temps, car le troisième jour, ceux qui nous conduisaient nous ont fait faire halte devant une auberge, ils se sont eni-vrés, ils n'étaient que six pour nous conduire à un endroit où on devait se rejoindre pour aller en Prusse.

» Comme nous ne tenions pas à voir la Prusse, nous nous sommes regardés et alors une lutte s'est engagée ; dans ce petit combat six d'entre nous ont pu s'échapper et j'étais du nombre.

» Nous avons marché pendant deux nuits dans les bois où nous nous cachions le jour. Nous avons fini par arriver à Beaugency, où nous avons trouvé un maréchal des logis avec 25 chevaux blessés. Il nous a fait rester là pendant quelques jours pour nous reposer.

» Maintenant, je suis tranquille, nous sommes dépourvus

de tout, mais ça ne fait rien, je suis content de m'être échappé de leurs mains... »

Une lettre écrite par un de nos compatriotes du nom de Letellier, évadé le 24 novembre et passé en Italie, renferme des particularités curieuses ; en voici le passage le plus saillant :

« ... En Italie, le ministère, craignant de formaliser la Prusse en laissant passer les prisonniers français, *nous garda quatre jours* en prison à Milan. Nous fûmes donc enfermés avec des gens de la pire espèce et, comme ces sortes de gens ne font pas défaut dans ce pays, je vous assure que nous n'étions pas seuls. Nous avions déjà préparé nos moyens d'évasion quand on vint nous apprendre que nous partirions à la condition de changer nos habits militaires pour des guenilles auxquels les nobles Italiens qui nous gardaient donnaient le nom de « vêtements bourgeois ».

Peut-être parmi les malheureux si durement traités y avait-il des vétérans de Solférino et de Magenta !

VI

La plupart de nos compatriotes habitant Paris n'abandonnèrent pas la chère capitale à l'heure du danger. — Il y eut peu, bien peu de francs fileurs dans la colonie limousine qui comptait tant de personnalités sympathiques. — Je voudrais dire ici quel fut le courage, le dévouement, l'abnégation que montrèrent, en ces sombres jours, les Limousins de Paris, mais les détails me manquent, il y a si longtemps de cela ! — Il faut se résigner à laisser dans l'oubli bien des héros modestes, il faut aussi renoncer à rappeler le souvenir du patriotisme que montrèrent tant de nos concitoyens obscurs qui supportèrent, sans se plaindre, d'indicibles souffrances. Les braves gens, ils ne croyaient même pas bien mériter de la patrie, l'espérance du triomphe de demain les payaient amplement de leurs efforts constants, des dangers gaiement courus, des privations joyeusement supportées, et ce lendemain triomphal, ils ne le verraient pas peut-être... les hommes tués par le plomb ou le fer, les femmes mortes de froid, presque de faim, de la douleur de voir dépérir, trop souvent s'éteindre, les pauvres bébés innocents.

Un soldat limousin qui, blessé, était rentré à Paris la veille du 4 septembre, après avoir pris part aux premières batailles, adressa à sa mère habitant Limoges une lettre, reproduite par le journal *La Défense Nationale*. En voici un passage, je le reproduis précisément par ce qu'il a été écrit par un inconnu. — C'est la foule, c'est le peuple qui parle :

« Le soir, Paris est dans le délire et dans la joie.

» Ce matin, 5 septembre, l'ivresse passée, on pense aux prussiens qui s'avancent, au siège possible de Paris, aux nobles villes bombardées et expirantes, mais on a confiance aux hommes de la République.

» Allons courage, que les provinces se lèvent, qu'elles viennent en aide à Paris retrouvé, à Paris purgé des corrupteurs et du tyran, au noble Paris qui, toujours, se retrouve aux heures du danger, et nous chasserons les Prussiens. »

Huit jours auparavant, le sculpteur Félix Ferru, écrivait une lettre reproduite par le *Courrier du Centre* ; dans les termes suivants, il y rendait justice au courage des parisiens :

« La brillante ville (au mois d'août), se transforme d'heure en heure ; elle devient mâle ; les boulevards sont purgés. On n'y rencontre que d'immenses groupes supputant froidement les événements ; les abords des mairies sont envahis nuit et jour par une foule avide de nouvelles, toujours prudemment absentes ; pas de démonstrations, pas de murmures, partout du calme et du sang froid. »

Dès le commencement de septembre, nos compatriotes habitants Paris se réunissaient dans un local situé dans le quartier des Halles ; bientôt un comité se forma, M. Planteau, plus tard député, en était le secrétaire ; lorsque M. Jules Claretie fut de retour à Paris, on le choisit comme président.

Le but poursuivi par le comité était de créer des ressources pour venir en aide à des souffrances qu'il n'était que sage de prévoir alors ; puis l'idée de former un bataillon de volontaires fut lancée ; il suffit de quelques jours pour jeter les bases de son organisation, M. Jules Claretie en devint le commandant, à l'élection ; la plupart des soldats habitaient

Montmartre, beaucoup appartenaient au monde des arts et des lettres ; le colonel Montagu y versa une partie du bataillon licencié des tirailleurs de Flourens.

La garde nationale ayant été organisée par régiments, le bataillon en formation fut incorporé dans un corps régulier, M. Jules Claretie entra à l'état major général et fut délégué à l'Hôtel-de-Ville.

Je trouve dans la *Défense nationale*, à la date du 11 septembre, une pièce intéressante. C'est une adresse du *Comité national de la Haute-Vienne* aux habitants de notre département ; il est bon de conserver ce document, je le reproduis donc en entier :

« Les citoyens de la Haute-Vienne habitant Paris, ont formé un comité spécial chargé de subvenir aux besoins des nôtres dont la guerre ferait des victimes.

» Nos compatriotes m'ont fait l'honneur de me nommer président de ce comité.

» Nous voulions d'abord former une légion spéciale, la *Légion de la Haute-Vienne*, destinée à combattre en francs-tireurs l'ennemi qui nous envahit. Mais la plupart d'entre nous figurent sur les contrôles de la garde nationale, d'autres font partie de la garde mobile. Tous ont un poste, tous sont au devoir.

» L'assemblée qui a constitué le bureau du comité a donc décidé que cette légion deviendrait un centre d'action et de secours destiné à défendre à la fois la patrie et la République.

» Nous voulons donner des armes et du pain aux combattants pauvres, des subsides aux parents, aux veuves, aux enfants des morts. Ceux des citoyens de la Haute-Vienne qui, se dévouant pour le pays, courront aux remparts, trouveront, après l'assaut, des secours et de fraternelles consolations dans notre comité.

» Mais le temps presse, mes chers concitoyens, et notre comité vient de naître. Nous avons besoin de tous les efforts, du concours de tous les gens de cœur, d'énergie et dévouement. Notre secrétaire recevra avec reconnaissance les adhésions et les envois : linge, charpie, armes, secours, tout est bon.

» Et pendant que nous combattons les Prussiens à Paris, levez-vous, mes compatriotes, formez cette Légion de la Haute-Vienne, que vos concitoyens assiégés voulaient constituer sous les bombes, marchez à l'ennemi, prenez-le en flanc, prenez-le par derrière et repoussez-le tandis que nous lui tiendrons tête.

» Des soldats, il nous faut des soldats! et où en trouverait-on de meilleurs et de plus braves, résolus au sacrifice, de plus sûrs de la victoire que dans la patrie de Vergniaud, de l'homme qui poussa le premier cri : « *Au camp, au camp !* » et dans le pays de ce Jourdan qui traça un ineffaçable nom de gloire, à Fleurus, sur le drapeau de la République !

» Notre comité, chers concitoyens, aura, après la guerre, un autre but, celui de soutenir encore et d'aider ceux de nos compatriotes qui pourraient n'avoir point de travail, ceux-là qui ne voulant rien demander au pouvoir d'hier iraient droit à leurs compatriotes, c'est donc une œuvre à la fois patriotique et fraternelle. Aujourd'hui nous appelons les soldats qui combattent. Demain nous aiderons efficacement, je l'espère, et à coup sûr cordialement les ouvriers qui travaillent. Toujours nous serons au service du droit et de la justice, c'est-à-dire de cette République rayonnante qui, malgré la liquidation effroyable que lui laisse l'empire, nous fera libres, heureux et grands.

» Votre compatriote dévoué,

» Jules CLARETIE,
» *Président du comité de la Haute-Vienne.* »

Je plains ceux de mes lecteurs qui trouveraient ce langage vieilli; peut-être aujourd'hui sommes-nous moins ardents, moins généreux, moins patriotes aussi, que nous l'étions hier, mais reportons-nous à ces sombres jours qui avaient leurs allégresses, leurs espoirs, dont il nous fallut bientôt prendre le deuil, selon le mot populaire ; et nous constaterons, non sans quelque fierté, que beaucoup d'entre nous devenus peut-être trop sages à présent, ont pensé ainsi, ont ainsi parlé... Nous étions jeunes alors, nous avions les ardeurs de la vingt-cinquième année ; ces ardeurs, nous les retrouverons un jour dans la jeunesse de demain, qui aura le suprême honneur de venger nos défaites !

Je ne puis faire ici l'histoire du comité de la Haute-Vienne, la plupart de ses membres ont disparu, et quant aux survivants, ils ont sans doute perdu le souvenir du bien qu'ils y ont fait... il y a si longtemps de cela... tout ce que je puis dire, c'est que, après la guerre, j'ai recueilli les témoignages de quelques pauvres gens qui avaient reçu des secours... une femme entre autre, petite fruitière aux Batignolles, avait été soutenue, sauvée, disait-elle, par la veuve d'un de nos compatriotes, ancien fonctionnaire. « Elle m'a traitée comme une sœur, disait-elle... j'en avais honte... elle ne nous a laissé manquer de rien... et elle était si aimable avec nous. » Je regrette de ne plus me souvenir du nom de l'excellente femme qui avait fait tant de bien autour d'elle.

Je crois aussi me souvenir qu'au moment où Paris fut réouvert, le comité, ou ce qu'il en restait, s'occupa très activement de distribuer des vivres ; un de nos compatriotes était parti de Limoges dès les premiers jours, apportant des provisions considérables. Elles lui furent enlevées littéralement et distribuées aux nôtres ; il y eut des *bréjaudes* fantastiques, faites avec du lard limousin, des choux de Limoges ; ce fut un des petits bonheurs de ces tristes temps... Naïvement, on croyait prendre des forces pour la revanche.

Les circonstances n'étaient guère favorables au fonctionnement régulier du comité de la Haute-Vienne, il paraît probable qu'il se réunit rarement pendant le siège, peut-être ne se réunit-il plus à partir d'une certaine période, mais l'esprit qui l'avait animé continua à inspirer ses membres, nul d'eux n'oublia les promesses faites, les engagements pris spontanément.

Le lecteur connaît déjà les faits de guerre auxquels prirent part, pendant le siège de Paris, nos Limousins, engagés au 10e de ligne. Voici quelques renseignements relatifs à nos compatriotes, toujours pendant le siège ; je voudrais être moins incomplet ; que de traits honorables, héroïques même me sont restés inconnus.

L'Armée française, annuaire illustré par Roger de Beauvoir, année 1876, a publié un article signé Jules Claretie, dans lequel notre compatriote raconte comment, le 21 décembre 1870, il entra seul dans le village du Bourget. Je résume:

Au matin, Claretie rencontre Georges Pouchet qui lui dit que le Bourget était entre nos mains ; — un renseignement faux.

Claretie s'achemine vers le village où il entre.

Un coup de feux retentit ; des Prussiens sortent des maisons et entourent notre compatriote qu'un officier interpelle.

Claretie était vêtu d'une longue capote qui cachait ses insignes et ses armes ; il était coiffé d'un képi d'état-major, ressemblant à ceux que portaient les officiers des ambulances, on le crut un brave chirurgien-major et on le laissa libre ; comme il se retirait, des sentinelles prussiennes le prirent pour un maraudeur et tirèrent sur lui ; il ne fut pas atteint.

Mais Claretie avait eu le temps d'observer les mesures définitives prises par l'ennemi, il mit à profit ce qu'il avait vu et en fit part au général Trochu. « Mon rapport écrit, dit-il, dans une lettre insérée au commencement de l'année dernière dans les *Annales politiques et littéraires*, mon rapport écrit, adressé au gouverneur de Paris, est peut-être encore aux archives de la guerre. » Il fut alors question de décorer notre compatriote qui ajoute dans la lettre que je cite, lettre adressée à M. Ange Galdemar : « Je ne fis rien, au contraire, pour être récompensé d'une action où j'avais cru laisser un moment tout au moins ma liberté. »

Le 15 janvier 1871, le capitaine Deffuas fut frappé mortellement à Montretout. Le *Souvenir* a consacré une notice à cet excellent soldat, un des plus braves enfants du Limousin. Je vais résumer rapidement cette belle page de notre Livre d'or.

Deffuas était né à Saint-Junien en 1823, à vingt ans il s'engagea dans le 5e léger qu'il quitta bientôt pour entrer au 1er régiment de la légion étrangère ; il avait les plus beaux états de services, il avait passé en Afrique la plus grande partie de sa carrière militaire. Il avait pris part aux guerres de Crimée et d'Italie ; il avait été décoré au cours de cette dernière expédition.

Je reproduis *in extenso* quelques passages du *Souvenir* :

« Vint l'année terrible, le brave officier fut versé dans un régiment de marche et envoyé à Paris. Epuisé de fatigue et de veilles, éloigné des siens, privé de nouvelles, Deffuas lutta vaillamment ; mais à la fin la maladie le terrassa. Il était alité depuis quelque temps lorsque, la veille de Montretout, son commandant vint le voir et lui apprit que le gouvernement était décidé à tenter une grande sortie. Naguère, en Crimée, pendant le rude hiver de 1854-55, couché dans sa tente, dévoré par la fièvre, pouvant à peine parler, Deffuas, avait refusé de laisser un autre officier prendre son tour de service, et quittait son lit pour aller à la tranchée. Le devoir le réclamait encore. Il fit à Paris ce qu'il avait fait sous les murs de Sébastopol. — « Ma compagnie ne marchera pas sans moi », dit-il, à son chef. Il se relève en effet, et, se tenant à peine debout, conduit ses hommes à l'ennemi.

» On sait trop l'histoire de cette funeste journée. Comme tant d'autres, Deffuas paya de sa vie l'honneur d'avoir participé à ce dernier effort. Il tomba atteint d'un coup de feu à l'épaule droite. Les ambulances regorgeaient de blessés, dont l'évacuation se faisait avec une déplorable lenteur. Un parent du capitaine apprit que celui-ci avait été frappé et se mit à sa recherche. Après bien des courses infructueuses, il trouva le malheureux étendu sur de la paille, dans un sous sol aux avant-postes. Transporté à l'hôpital, Deffuas y succomba le 6 février. Le 7, un décret du gouvernement de la Défense nationale l'élevait au grade d'officier de la Légion d'honneur. La croix fut déposée sur son lit de mort ; c'était pour un soldat la plus belle oraison funèbre. »

Le commandant X..., de l'artillerie de marine après avoir établi à Montmartre une batterie à demeure de canons de fort calibre qui portaient à 10 ou 12 kilomètres — distance fort respectable à cette époque — prit part avec son corps à un grand nombre de combats ou d'engagements. A Champigny, par exemple, il commandait une division de mitrailleuses ; à la reddition de Paris, il se trouvait le seul survivant de son corps d'officiers. Je tiens de lui quelques anecdotes qui intéresseront, je crois, le lecteur ; je vais en raconter une brièvement, regrettant que la modestie de ce brave officier l'ait empêché de fouiller dans ses souvenirs pour en tirer des faits sentant plus la poudre que celui qu'il a bien voulu me livrer.

Le commandant X... possédait un grand et beau cheval

pris aux Prussiens. Cet animal portait une robe de couleur foncée, largement tachée de blanc qui lui donnait un aspect particulier que ne présentaient jamais les chevaux d'armes français, mais que l'on remarquait alors parfois chez leurs congénères allemands. Le commandant était blond et jouissait d'une belle paire d'yeux bleus. Un jour que monté sur sa bête aux pittoresques couleurs, il revenait d'une promenade solitaire et quelque peu hazardeuse, il fut arrêté aux avant-postes par des gardes nationaux zélés, mais peu physionomistes qui le jugèrent prussien, ils lui trouvaient même un accent germanique assez prononcé, singulier effet de la *dementia exploratrica*, qui sévissait alors ; notre compatriote courrait fort le risque d'être trimballé sous bonne escorte devant toutes sortes d'autorités, civiles et militaires, plus ou moins constituées et plus ou moins compétentes, lorsque survinrent quelques artilleurs qui, en le reconnaissant, lui évitèrent le désagrément de voir la singulière erreur dont il était victime se prolonger de longues heures peut-être.

Les braves artilleurs de la marine, parmi lesquels un autre Limousin dont le nom m'échappe, en « troupiers finis » qu'ils étaient, ne dégligeaient pas, en revenant le soir des avant-postes, de rapporter quelques provisions tout à fait militaires : de beaux quartiers de cheval notamment. Il paraît que ces viandes équestres ne servaient pas seulement à faire bouillir la marmite de nos héros, les belles parisiennes d'alors n'étaient pas insensibles à un savoureux aloyaux ou à une plantureuse entre-côte. Un jeune sous-lieutenant, tué plus tard à l'ennemi, fit la conquête d'une « grande et honneste dame », en lui faisant remettre, chaque soir, pendant une semaine, en guise de bouquet, un filet mignon, dans un joli cartonnage de chez Boissier, — le confiseur alors à la mode, — l'officier disait ses tendres sentiments dans un gracieux billet qui sentait la chair fraiche, parfum alors bien plus apprécié que celui de l'oppoponax... Au bout de six filets mignons la place capitula.

Le sous-lieutenant était originaire de Nontron, dans la région limousine du Périgord.

Le dernier acte de la tragédie était terminé, la grande capitale avait capitulé... Quelques-uns de nos compatriotes qui pensaient que leur dévouement pouvait encore être uti-

lisé, n'hésitèrent pas à s'échapper au péril de leur vie ;
M. Zabilon-d'Her, venu à Paris au moment de l'armistice (1), se chargea de leur procurer des passeports
qu'il fit faire dans les différentes mairies de Paris ; je n'ai
pas la liste complète de ces braves jeunes gens, je ne puis
citer que les noms suivants : Poumeau, Coudert de Prévi-
gnaud, Robert Aguiret, et le chanteur Bazio, bien connu à
Limoges ; il avait servi en qualité de trompette aux éclaireurs
de la Seine.

D'abord, le voyage ne fut pas très gai ; à chaque instant,
des soudards prussiens montaient dans les wagons, se faisaient exhiber les passeports, regardaient longuement les
voyageurs et, avant de se retirer, proféraient quelque brutale
menace, quelques grossières paroles.

On sût que la veille, à Etampes, trois malheureux soldats
échappés de Paris, reconnus, avaient été impitoyablement
fusillés.

Bientôt cependant un peu de cette pâle, de cette triste gaîté,
seule permise en ces sombres jours, vint aider les voyageurs
à supporter les douloureuses impressions produites sur eux
par les épouvantables spectacles de la guerre qui défilaient
devant eux — sinistre panorama — à travers les portières
des wagons : ici une ferme incendiée, là des squelettes de
chevaux et tout près des tertres avec des petites croix.

Mais voici que l'on a dépassé Salbris, la dernière station
occupée par les prussiens... alors, il se produisit une scène
touchante : Zabilon, qui avait sur lui la croix de Poumeau,
la sortit et la montra. On demanda qu'elle reprit sa place
sur la poitrine de notre brave compatriote ; celui-ci fit quelque résistance, puis se laissa faire. Alors de toutes les poitri-
nes sortent les cris de : « Vive la France ! Vive la République !
Vive Paris ! »

---

(1) Je note un détail intéressant : à la gare où il prenait le train,
M. Zabilon rencontra MM. Claretie et Peauger qui avaient quitté Paris le
matin ; ils lui donnèrent des lettres de Paris pour leurs respectables mères
qui, courageusement, n'avaient pas quitté la capitale pendant le siège.
Notre compatriote vit souvent Mᵐᵉ Claretie à son domicile bien connu des
Limousins, rue du Paradis-Poissonnière, cette excellente femme, dont le
souvenir vit encore dans la mémoire de quelques vieux décorateurs limousins, ayant fait partie de l'atelier tenu par M. Claretie père, cette excellente
femme montra à M. Zabilon des fragments d'obus énormes tombés sur la
maison qu'occupaient sa fille et son gendre.

Comme je l'ai dit plus haut, nos échappés de Paris allèrent, immédiatement arrivés à Limoges, se mettre à la disposition de l'autorité militaire.

VII

Ainsi que l'indique le sous-titre de ce très modeste travail, je ne présente ici que de simples notes, recueillies au jour le jour. Le lecteur voudra donc excuser le manque d'ordre dont la responsabilité ne m'incombe pas toujours d'ailleurs : en effet, certains renseignements promis m'ont été donnés bien tard et d'autres ne m'ont pas été donnés du tout : enfin au dernier moment, on m'a rapporté quelques faits intéressants ; telles sont quelques-unes des raisons pour lesquelles je n'ai pu suivre un ordre rigoureusement chronologique.

L'attente de quelques détails supplémentaires m'a empêché de parler de l'adjudant Poncet des Nouailles à la place qu'il convenait. Ce brave soldat fut frappé au combat de Beaumont, en Argonne, par un éclat d'obus qui lui fracassa une cuisse et lui enleva la peau et les muscles sur tout un côté du corps. Sa mort fut à la fois celle d'un sage et celle d'un héros.

Le capitaine de sa compagnie qui aimait beaucoup notre compatriote, le voyant tomber grièvement blessé se présenta vers lui avec quelques braves, qui malgré les feux très vifs de l'artillerie et de l'infanterie allemandes n'hésitèrent pas à risquer leur vie pour sauver leurs officiers. Poncet sentant que ce stoïque dévouement était inutile. remercia son capitaine et les soldats…., il voulait mourir sur le champ de bataille.

Son ordonnance refusait de le quitter ; Poncet des Nouailles l'y détermina par ses ordres et ses prières ; il lui remit l'argent qu'il avait sur lui, ainsi que quelques objets teints de son sang qu'il le pria de renvoyer à sa famille, puis il resta seul…

Le malheureux n'eût pas, dans la mort, la suprême consolation du soldat qui périt dans une victoire de ses compagnons d'armes : les nôtres étaient en pleine déroute ce jour-là (30 août 1870). Le général de Failly, commandant un des corps d'armée de Mac-Mahon, avait été surpris par l'armée

8

du prince de Saxe, il perdit près de 4,000 hommes, une partie de son parc et tout son matériel de campement...

Edgard Poncet des Nouailles, né en 1844, il s'était engagé au 30° de ligne, après avoir terminé ses études.

Voici un fait qui m'est raconté par une personne absolument digne de foi, malheureusement elle n'a pu me donner qu'un renseignement précis : le nom d'un des acteurs du drame.

Un de nos compatriotes, encore vivant aujourd'hui, M. Rivaud de La Fantoulli, s'engagea dans un corps de francs-tireurs, il fut pris avec trois de ses camarades, les malheureux jeunes gens étaient déjà placés devant un peloton d'exécution et allaient être passés par les armes, lorsque le prince Frédérick Charles vint à passer. Nos compatriotes furent mis en joue, leur attitude superbe devant la mort toucha l'Allemand qui leur fit grâce.

Saluons encore un héros.

Emile Richard était né le 4 avril 1851, à Rochechouart, il était sous-lieutenant au 14° de ligne, il fut blessé à mort au combat de La Flèche, le 24 janvier 1871.

Le corps de notre compatriote repose au cimetière de La Flèche. Une plaque commémorative a été placée à l'endroit où Richard est tombé sous un obus prussien. Le professeur de dessin au prytanée de La Flèche, où le brave officier avait fait ses études, a exposé au salon de 1892 un tableau représentant le douloureux épisode ; cette peinture décore aujourd'hui la grande salle de l'Hôtel-de-Ville.

Après le combat du 21 janvier 1871, le général prussien, commandant les troupes qui occupaient La Flèche, consentit à faire passer aux avant-postes français des nouvelles du lieutenant Richard, et il rendit hommage au courage du jeune officier en déclarant qu'il s'était très bravement comporté. (Traduction certifiée par M. Maurice Engellard, alors préfet de la Défense Nationale, à Angers.)

Plus haut, j'ai dit quelques mots au sujet de la défense de Châteaudun à laquelle prirent part trois de nos compatriotes; j'ai reçu depuis de très intéressants détails sur ce fait de guerre mémorable. Je vais les reproduire ici, regrettant qu'ils ne me soient pas arrivés assez à temps pour les faire figurer à leur véritable place.

Le 8 octobre 1870, le commandant Lipowski, prévenu accidentellement de la présence des Prussiens à Ablis, résolut de tenter un coup de main sur ce village où se trouvaient cent cinquante cavaliers, cent vingt fantassins et trente artilleurs ennemis.

Lipowski prit avec lui deux compagnies de francs-tireurs' formant un effectif de 180 hommes. Le capitaine La Cécilia l'accompagnait.

Les nôtres prirent leurs postes pendant la nuit, à quelques centaines de mètres des premières maisons, puis, à cinq heures du matin, l'attaque commença, elle fut furieuse de la part des Français ; une heure après ils avaient contraint les Prussiens à abandonner la partie, l'ennemi laissant entre les mains des francs-tireurs soixante-huit prisonniers et en matériel. Les Allemands avaient eu douze hommes et seize chevaux tués. Le plus grand nombre de nos ennemis avaient pris la fuite.

Ici se place un fait des plus honorables : M. Justin Sazerat, frère du fabricant de porcelaine, bien connu à Limoges, M. Justin Sazerat, ayant appris que son fils unique, M. Charles Sazerat, s'était engagé dans le corps des francs-tireurs de Paris, partit pour le rejoindre sur le théâtre de la guerre ; il avait eu soin de bien garnir sa bourse afin de faire au jeune franc-tireur un versement sérieux. En campagne il est toujours bon d'avoir du papier dans ses poches, mais surtout de ce papier spécial sur lequel rayonnait jadis la signature du bon M. Soleil.

M. Sazerat trouva son fils à Ablis, au moment où l'action allait commencer, pour lui l'occasion fit... le franc-tireur, il prit un fusil et s'offrit la patriotique distraction de descendre quelques casques-à-pointe ; fort habiles chasseurs, ce jour-là, les deux Sazerat ne jetèrent pas la poudre nationale aux moineaux.

Après le combat, Charles Sazerat résolut sagement de mettre dans le commerce la majeure partie de la subvention paternelle ; il s'offrit notamment une ample provision de cigares ; à Châteaudun, au moment psychologique il fit à ses voisins une large distribution de ses derniers *puros* ; quelques instants après, à onze heures, au moment où un obus, après avoir éventré le cheval du caisson à munitions, frappait sept à huit francs-tireurs, notre compatriote se retournait pour demander du feu à un camarade, un projectile le frolla... Sans ce légitime désir de tirer quelques dernières bouffées, ç'en était fait de lui. La balle coupa la bretelle du sac de Sazerat et frappa en pleine poitrine son malheureux camarade ; c'était un garçon du Grand-Café de Paris, rue du Château-d'Eau.

Notre compatriote combattit jusqu'à 10 heures du soir, sans recevoir d'autre blessure qu'une légère éraflure au mollet, laquelle ne l'empêcha pas de détaler pendant la nuit ; il se réfugia à Nogent-le-Rotrou; là il trouva asile chez un brave aubergiste qui, pour le soustraire aux recherches des Prussiens, le déguisa prosaïquement en garçon d'écurie.

M. Charles Sazerat, mentionné à l'ordre, peut, aujourd'hui, porter la médaille militaire. Les deux Bardenat, dont il a été question plus haut, sont morts il y a quelques années.

Voici dans de quelles circonstances notre compatriote, M Léon Dupetit, dont déjà j'ai parlé, reçut la croix de la Légon d'honneur.

La compagnie dont il faisait partie, étant en grand'garde dans la forêt de Marchenoir, Dupetit se trouvait en vedette, lorsqu'il vit fondre sur lui deux officiers prussiens, il en abattit un avec sa carabine, l'autre continua sa course suivi du cheval du mort. Arrivé à portée de notre compatriote, le prosco lui tira plusieurs coups de revolver dont son manteau le préserva. Dupetit s'apprêtait à expédier son uhlan d'un vigoureux coup de pointe, lorsque celui-ci s'enferra lui-même par suite d'un violent mouvement de son cheval, gêné par la monture de l'officier tombé quelques minutes auparavant.

C'est à Marchenoir que fut tué un brave garçon, très populaire parmi la jeunesse de Limoges, Laguenie, dont beaucoup de nos compatriotes, aujourd'hui grisonnants, n'ont pas oublié l'entrain, dépassant quelquefois la mesure, lorsque vêtu du pittoresque costume de gabier des équipages de la flotte, il venait passer à Limoges des congés qu'il savait mouvementer de bruyantes aventures. Un de ses camarades me dit de

lui : « C'était un cœur d'or, mais une tête chaude, comme il
y en avait alors beaucoup à Limoges... Ah ! le crane soldat
qu'il faisait ! »

Au dernier moment, on me rappelle le nom d'un brave
soldat, tué à Reischoffen. Eugène Redon, engagé volontaire
au 3º régiment de Turcos, devint rapidement sergent ; il était
plein d'ardeur et de courage. Frappé à la tête d'une balle, il
tomba foudroyé au commencement de l'action.

VIII

Il y aurait un bien intéressant chapitre à faire sur la pitié
limousine pendant l'affreuse guerre. Il serait encore possible aujourd'hui de retrouver de bien intéressants détails sur
nos ambulances, sur les soins donnés aux blessés de passage à la gare ou évacués sur l'hôpital de Limoges... Nos
Limousines de 1870 furent dignes de leurs grand'mères du
commencement du siècle, soignant héroïquement les prisonniers espagnols infectés de la peste et mourant héroïquement victimes de la charité.

Je pourrais citer les noms de quelques femmes mortes de
la variole contractée en donnant des secours à de malheureux soldats frappés de la terrible maladie.

Et puis il faudrait aussi dire, l'activité incessante que
déployaient nos compatriotes à faire de la charpie, des bandelettes, à tricotter des chaussettes de laine, et ces fameux
bonnets passe-montagne qui ont permis à tant de nos mobiles de rapporter chez eux leurs deux oreilles — non
gelées.

Oh ! ces bonnets ! combien il nous furent utiles, je leur
conserve, quant à moi, un souvenir attendri ; on nous les
enviait à l'armée de la Loire, les mobiles de quelques autres
départements prièrent leurs mères, leurs sœurs, leurs fian-
cées, de leur en tricoter ; il y eut des imitations... mais combien inférieures !... le bonnet des dames limousines resta
triomphant.

Mais l'espace me manque, je ne puis plus dire que l'essen-
tiel :

Voici d'abord quelques détails rapides sur l'ambulance de

la Haute-Vienne, ils me sont fournis par l'intéressant volume de M. E. Coste, paru en 1872, sous le titre de : *Nos étapes, journal de l'ambulance de la Haute-Vienne.*

L'ambulance était primitivement destinée à la légion des mobilisés de la Haute-Vienne, « dont M. Georges Perrin et, après lui, M. Massicault, préfets du nouveau régime, pressaient l'organisation avec un entrain tout patriotique », nous dit M. Coste, mais l'ambulance placée sous l'active direction de M. Raymondand ayant été prête avant le corps auquel elle devait être attachée, il fut décidé qu'elle se rendrait immédiatement sur le théâtre de la guerre.

Lorsqu'elle partit de Limoges pour l'armée de la Loire (23 novembre 1870), l'ambulance de la Haute-Vienne était parfaitement organisée, les sommes recueillies avaient été suffisantes, les dons en nature affluaient, « ils étaient concentrés à la Préfecture, nous dit M. Coste, où le classement et la distribution s'opéraient sous l'œil vigilant et maternel de la présidente d'un comité de Dames, Mme Vandermarcq, que n'oublieront jamais ceux qui l'ont vu à l'œuvre en ces jours de malheurs et de deuil. »

Le 2 décembre, l'ambulance de la Haute-Vienne se trouvait à Terminiers, mais par suite de diverses circonstances, elle ne put donner des soins à notre régiment de mobiles dont le personnel médical sous la direction de M. Théophile Raymond, montra un très grand dévouement.

L'ambulance suivit la retraite de l'armée de la Loire. Elle se rendit au Mans, puis elle accompagna, du 1er au 8 janvier, la colonne mobile de la Chartre et organisa, avec ses seules ressources, le service hospitalier sur le champ de bataille de Villeporcher; le 8, elle se trouvait à Authon où son personnel soignait les blessés du combat de la veille.

L'ambulance de Limoges se trouva divisée en deux portions; toutes deux, devinrent prisonnières des Prussiens qui les retenaient en dépit de toute justice en interprétant à leur guise les clauses de la convention de Genève. Ses fourgons furent pillés ; malgré tout et grâce au dévouement de son personnel elle rendit de réels services.

Rentrés à Limoges, nos compatriotes furent ensuite dirigés sur Villedieu où se formaient les mobilisés.

Un état — incomplet — des blessés soignés par l'ambulance, montre qu'elle sut se rendre utile dans la mesure de
ses moyens.

Voici un détail qui donnera une idée de l'importance que
prit l'offre des dons en nature. Chaque jour, depuis la déclaration de la guerre jusqu'à l'envahissement de Paris, un
wagon complet, du poids de 75,000 kilogs, partait de la gare
de Limoges à destination de Strasbourg, puis de Paris, le
dernier train dirigé sur la capitale emporta encore la con-
tribution limousine.

Lorsque Paris fut fermé les offrandes en nature, de plus en
plus abondantes, furent envoyées partie aux armées, partie aux
ambulances établies à Limoges et spécialement à celles de la
gare. L'ambulance de la convention de Genève rendit de très
signalés services. Je dois aussi mentionner l'ambulance de la
Loge maçonnique des *Artistes Réunis*, rue Gaignolle ; elle
comprenait 44 lits où les blessés étaient soignés avec autant
de zèle que d'intelligence par un personnel choisi, placé sous
la direction de l'excellent docteur Mandon. La Loge maçonnique avait aussi établi une deuxième ambulance à la gare
où les malades et blessés recevaient les premiers soins. On
me rapporte à ce propos un fait intéressant à raconter ici.
Une nuit, qu'il était délégué au service de la gare, M. Charles
Dubouché, dont la personnalité est bien connue à Limoges,
trouva dans un wagon un malheureux lignard blessé qui y
était abandonné depuis deux jours. Dubouché, solide comme
un chêne, enleva le pauvre diable qui ne pouvait faire un
mouvement et, sans désemparer, le porta jusqu'à l'ambulance de la rue Gaignolle : « Pardon, Messieurs, dit-il simplement aux personnes présentes, en déposant son précieux
fardeau, comme je suis gros, je suis un peu essoufflé ». Ce
trait m'est raconté par M. Zabilon-d'Her, que l'on vit se multiplier avec quelques autres Maçons pour assurer le service
de l'ambulance.

IX

Dès les premiers jours qui suivirent la déclaration de
guerre, une pensée s'imposa à la population tout entière :
celle de concourir au triomphe de nos armes — triomphe

hélas déjà douteux pour beaucoup — par des sacrifices de toutes sortes. Une souscription ouverte dans le *Courrier du Centre* produisit en quelques jours une somme de 120,000 fr. M. Haviland, le fondateur de la célèbre fabrique de notre ville, s'inscrivit le premier pour une somme de 10,000 fr., souscription qui ne fut pas dépassée. — Le Cercle de l'Union offrit aussi 10,000 francs.

Cette première souscription atteignit un chiffre total de 130,000 francs en chiffres ronds. D'après les recherches auxquelles je me suis livré, recherches bien longues et bien fastidieuses, il m'est sans doute permis de le dire ici, on reste au-dessous de la vérité en fixant à 20,000 le nombre des souscripteurs ; ce chiffre a, certes, son éloquence.

Le 25 septembre, une seconde souscription fut ouverte spontanément à la préfecture par des personnes qui y étaient allées aux nouvelles en apprenant le rejet des propositions d'armistice ; la première liste s'éleva à 16,935 francs. Le total de la souscription atteignit 76,000 francs en chiffres ronds.

On peut fixer approximativement le chiffre des souscripteurs à 2,500.

Simultanément fut ouverte à la mairie une souscription pour venir en aide aux familles des ouvriers de Limoges enrôlés pour la défense de la patrie ; le nombre des adhérents fut de 68 seulement. Le chiffre atteint s'ouvrit à 4,358 francs.

Le 26 octobre, une souscription fut ouverte pour l'habillement et l'équipement des francs-tireurs. La municipalité limousine ne devait prendre à sa charge que les frais d'habillement et d'équipement des francs-tireurs habitant Limoges ; c'est pour pourvoir aux frais créés par les francs-tireurs des autres localités que fut ouverte la souscription dont nous nous occupons. La Société de la défense républicaine, à l'aide d'une cotisation entre ses membres, paya diverses fournitures, des manteaux notamment, et versa au capitaine un reliquat de 1,004 francs. Le même groupe versa une somme pareille à la compagnie de francs-tireurs, les Enfants de Paris, et leur offrit également certaines fournitures.

Sa souscription pour l'ambulance de la Haute-Vienne s'éleva à un total de 9,000 francs environ.

Une souscription ouverte en faveur des prisonniers de guerre donna 11,079 francs avec 1,580 souscripteurs.

Une loterie pour offrir des mitrailleuses produisit 10,000 fr. Les industriels et commerçants de Limoges avaient offert un grand nombre de lots.

Certaines souscriptions peu importantes n'ont pas été notées, par exemple, pour l'offre d'une épée d'honneur au maréchal de Mac-Mahon; diverses souscriptions philanthropiques, etc.

En somme, et d'après des calculs que j'ai mis tous mes efforts pour rendre exacts, le total des sommes souscrites s'éleva à près de 250,000 francs. Les souscripteurs furent au nombre de 40,000 environ. Comme beaucoup de nos concitoyens s'associèrent à plusieurs souscriptions, il est impossible d'établir même très approximativement le nombre exact des souscripteurs.

Les dons en nature furent extrèmement nombreux.

Pour être complet, il faudrait aussi parler de divers emprunts qui furent patriotiquement couverts ; mais l'espace manque.

Voilà les notes, bien incomplètes, sans doute, que j'ai pu réunir avec bien de la peine et beaucoup de temps ; je remercie ceux de mes lecteurs qui ont bien voulu me suivre jusqu'au bout ; je crois que comme moi ils garderont cette consolante pensée que les Limousins, aux jours d'épreuves, ont su faire leur devoir.

Camille LEYMARIE,
Ancien Mobile.

POUR NOS CAMARADES MORTS AU CHAMP D'HONNEUR !

> Je voudrais que les noms de ceux qui meurent
> pour la Patrie fussent conservés dans des
> temples et écrits dans des registres qui
> fussent comme la source de la gloire et de
> la noblesse.
>
> MONTAIGNE.

Quand le voyageur a parcouru de nombreux kilomètres, des images — des souvenirs — hantent malgré lui son cerveau. Oubliant les fatigues endurées, il revoit les points importants du chemin suivi. Tel détour de route, tel site agreste, tel aspect du ciel, tel blond coloris des champs de blé « courant » sous le vent, forment pour lui comme des oasis dont l'ombre et la fraîcheur reposent son esprit...

Or, toute entreprise à réaliser est comme un chemin à parcourir. De l'avant-projet au projet, du projet à l'exécution, les étapes sont nombreuses. Au début, au départ le cœur s'exalte, et, franchissant d'une envolée rapide toutes les difficultés intermédiaires, croit déjà avoir atteint son but... Les clameurs des envieux ou des irréductibles, les haussements d'épaules de ceux à qui tout effort, toute initiative répugnent ont tôt fait de ramener l'enthousiaste à la notion du réel. La lutte alors commence. La lassitude et le découragement alternent avec l'espoir et la foi en le succès. Hier on était quatre. Aujourd'hui, de nouvelles recrues s'embauchent sur le chantier et demain l'on est cent : ce fut ainsi qu'autour du petit nombre que nous étions à la première heure, vinrent se grouper tous ceux que le Limousin compte à juste titre comme des généreux et des éclairés. Cela était inévitable : les soldats se retrouvent toujours en communion sur le champ de bataille. Le plus grand nombre était des anciens combattants de la grande guerre.

D'aucuns, toutefois, parmi ces adhérents nouveaux, épou-
sèrent même avec un tel prosélytisme, une telle fougue, nos
idées et notre idéal, qu'ils purent bientôt considérer ces idées
comme émanées d'eux... Eu égard à leur bonne volonté, eu
égard encore à l'apport des sommes rondes versées par eux
à la souscription, il serait non seulement peu modeste mais
encore déplacé de les trop vitupérer de leur excès de zèle.

A vrai dire, l'idée d'élever un monument à nos camarades
morts pour la patrie avait spontanément germé dans tous
les esprits, dans tous les cœurs, au retour de cette pénible
campagne de 1870-71, quand on se compta.

Et pourtant cette généreuse pensée mit à réaliser plus de
25 ans ! Et non sans vicissitudes !

Bref, grâce à l'apport des uns et des autres, le Comité fut
bientôt assez robuste pour voler de ses propres ailes. Maintenant que l'heure du triomphe a sonné, nous ferions preuve
d'ingratitude en ne remerciant pas tous nos auxiliaires : les
généreux et gros donateurs comme les plus modestes por-
teurs d'obole qui, par l'intermédiaire des maires et des insti-
tuteurs, toujours prompts au bien, nous donnèrent le meilleur de tous les concours : celui de leur argent.

Pourtant, trop d'abstentions se sont produites, et ce ne sont
pas parmi les anciens combattants, les listes en font foi...

Mais ces lignes n'ont point pour unique objectif de dire la
genèse du monument que vient de terminer le savant et clas-
sique ciseau de notre distingué compatriote le statuaire Tha-
bard.

Précédant la liste des soldats fauchés par la mitraille, par
le plomb ou par le fer, un peu partout sur ce vaste champ de
bataille qui, pendant près de sept mois, s'étendit de Lille à
Besançon, de Besançon au Mans, du Mans à Lille, nous
avons cru qu'une préface était nécessaire pour expliquer
comment, sur environ 2,000 morts, un millier seulement figurent sur nos tables mortuaires.

Pour qui a lu ou seulement parcouru des situations d'effectifs dressées le soir ou le lendemain d'un combat, le mot
« disparu » apparaît inévitablement comme la doublure du
mot « tué ». Dans la hâte de l'ensevelissement, dans les

hasards des cantonnements, dans la nuit fatale au milieu desquels évolue une armée en retraite, le désordre adminis-tratif est inévitable. Il faut qu'un camarade de régiment, qu'un voisin du pays, aient été des témoins oculaires de la blessure reçue ; qu'ils aient été présents, à l'heure où la lugubre besogne s'accomplit, où le corps glacé et raide de l'ami est descendu dans l'anonymat de la fosse, creusée entre deux sillons, pour qu'un acte de décès puisse être établi. Et encore l'acte de décès, dans la rapidité de sa rédaction, n'est-il pas toujours exact. Les exemples pullulent de soldats con-sidérés comme morts qu'on vit réapparaître après vingt ans d'absence en captivité et dont l'épouse trop rapidement ou-blieuse — est-on fondé à l'en blâmer ? — avait convolé une deuxième fois en justes noces.

Particulièrement durant la néfaste campagne de 1870, où faillit sombrer la fortune de la France, l'état civil aux armées fut on ne peut plus mal tenu. — Pouvait-il en être autre-ment avec des corps de troupe organisés si rapidement et presque sous le feu de l'ennemi? — Les Allemands auxquels nous avons eu depuis la sagesse d'emprunter cette réforme, les Allemands avaient le soin de munir chaque soldat d'une petite plaque d'identité, passée au tour du cou, sur laquelle étaient inscrits le nom du porteur, son numéro du folio matri-cule et sa subdivision de recrutement. Aussi les familles étaient-elles le plus souvent renseignées avec ponctualité et exactitude.

Chez nous, chacun était ignoré dans la masse. A part le capitaine et le sergent-major, nul ne vous connaissait « administrativement ». Qu'un registre vint à disparaître et plus de traces de noms et de signalements. Physiquement les parents ou les amis, ou les chefs directs pouvaient seuls vous retrouver. Nul indice révélateur pour les sans-famille. Aus-si les enquêtes privées furent-elles difficiles à conduire.

Quand nous avons voulu rechercher et collationner les noms de nos morts, nous nous sommes adressé aux muni-cipalités. Mais on connaît les lenteurs à répondre. Après vingt-cinq ans, dans les localités petites des parents ne se souvenaient même plus ou ne savaient pas. Quelques maires ne daignèrent même pas nous répondre.

Aux endroits où l'on s'était battu, les recherches étaient peu faciles. Il existe bien des tombes, mais elles n'ont souvent pas d'inscription. Un numéro de régiment, de bataillon ou d'escadron, de compagnie ou de batterie, un chiffre d'officiers et de soldats : et c'est tout.

Cependant, grâce au curé de Loigny — à la ferveur patriotique et à la bonne volonté duquel nous sommes heureux de rendre ici un hommage public de reconnaissance — de nombreux noms ont été recueillis ; ils sont gravés dans sa petite église, si pleine de souvenirs se rattachant à la sanglante bataille qui s'est livrée tout près le 2 décembre 1870. A Loigny, on le sait, notre 71e régiment fut cruellement éprouvé..... non sans une pointe de gloire.

Et puisque j'en arrive à parler du 71e qui, sous les ordres du colonel Pinelli, fit si dignement son devoir, je m'en voudrais de ne pas exprimer quelques doléances.

Le monument que nous avons érigé n'est point destiné à honorer seulement le souvenir de nos pauvres moblots décimés par les balles, le froid et la maladie, ainsi qu'on l'a cru tout d'abord et ainsi que l'idée s'en est trop bénévolement répandue. Il doit aussi commémorer le souvenir de tous les combattants de l'année terrible, tombés pour la défense du sol sacré de la patrie, du foyer national. Ainsi, lignards, francs-tireurs, mobiles, dragons, cuirassiers, artilleurs et autres combattants doivent-ils être confondus dans le culte que nous pratiquons en l'honneur de nos glorieux vaincus.

C'est le Monument des Enfants de la Haute-Vienne.

Bien plus, remontant plus haut, il doit dans notre esprit, dans l'esprit de tous ceux qui ont moralement ou matériellement coopéré à son édification, évoquer tous ceux — à travers tous les âges — qui, dans un élan sublime de patriotisme, quittèrent la charrue ou l'outil, abandonnèrent leurs travaux intellectuels ou artistiques pour courir à la frontière menacée.

Sans rappeler ici les hauts faits de nos grandes figures militaires ; sans parler des Jourdan, des Bugeaud, des Souham et de tant d'autres dont la gloire mit un rayon de plus à l'auréole de la patrie, il nous faut dire qu'en effet les Limousins ne marchandèrent jamais avec le sacrifice de leur vie.

Lorsqu'en 1792 éclata le coup de tonnerre de l'invasion ; lorsque Brunswick, ayant jeté son défi aux « savetiers » de France, dût à ses dépens éprouver notre valeur et subir en présence des moulins de Valmy, la leçon méritée, des Limousins, assemblés au son du tambour d'alarme, formaient un bataillon de volontaires.

A Maubeuge, à Fleurus, sur tous les points de l'Europe où la victoire conduisait nos armées, il en tomba dont les noms ne seront jamais connus.....

Enté soun toû qui gentei drôlei ?

Serait-ce le cas de répéter après la si pittoresque chanson de Foucaud d'où semble se dégager, avec l'odeur saine de nos châtaigneraies, une vision de nos bleus et accidentés paysages, une vision de nos roux champs de seigle !..

Oui, où sont tant de robustes gaillards dont la blouse bleue bouffa sous le vent, dont les vallons redisant l'éternelle plainte de notre Vienne bruissante, redirent aussi l'écho des « huchades » lancées à plein gosier au sortir des veillées si joyeuses !

Ah ! bien des fleuves qui reflètent en la moire de leurs eaux des flèches et des pignons gothiques ; bien des fleuves dont les noms à consonnances gutturales suggèrent un cortège de figurants propres aux poèmes du Nord ; bien des contrées où par delà les sables et les sapinières semblent encore planer les légendes et les sagas, les chevauchées de Walkiries et les Chevaliers à collier d'or, les blancs Cygnes et les blondes Ondines ; bien des fleuves, bien des contrées, ont été les témoins des prouesses de nos compatriotes limousins.

Malheureusement, l'oubli qui tisse partout et toujours un linceul même aux plus illustres, l'oubli qui guette l'immortalité et qui la nargue, l'oubli tôt ou tard scelle sur les dévouements la dalle de marbre sous laquelle hypocritement, clandestinement la mort poursuit son œuvre de nuit.

Il convenait donc de ne pas resserrer en de mesquines proportions le cadre de nos intentions.

Aussi, profitons-nous de cette préface pour répéter que le monument que nous allons inaugurer est une œuvre de religion qui s'adresse aussi bien aux victimes les plus connues, tel ce colonel Ardant du Picq, dont la noble et auguste figure mérite une place dans les bas-reliefs de nos annales, qu'à celles qu'on ignorera toujours.

Notre œuvre est encore destinée à prouver aux générations futures que l'éloignement du péril, l'éloignement des sacrifices ne suffit pas à excuser le silence et qu'en cette fin de siècle si travaillée par de multiples rivalités d'amour-propre, nous avions non seulement le respect du passé, mais encore l'assurance qu'il a toujours suffi à notre race de reprendre terre c'est-à-dire de revenir aux traditions de l'Honneur et du Patriotisme pour que, de nouveau, à l'heure suprême jaillissent les dévouements innombrables.

L.·B.

LISTE

PAR COMMUNE D'ORIGINE

DES ENFANTS DE LA HAUTE-VIENNE

Morts pendant la Guerre de 1870-71

————◆————

ARRONDISSEMENT DE LIMOGES

COMMUNE D'AIXE

FRANÇOIS BOULAIGUE. 26 ans, soldat au 98ᵉ de ligne, mort le 18 janvier 1871, à Sedan.

SIMON BROUSSAUD, 22 ans, garde au 71ᵉ mobiles, mort le 2 décembre 1870, à Terminiers.

MARTIAL LAFORET, 21 ans, soldat au 63ᵉ de ligne.

PIERRE LERECLUS, 21 ans, sergent au 71ᵉ mobiles, mort le 16 janvier 1871, à Loigny.

PIERRE MARCILLAC, 31 ans, garde au 71ᵉ mobiles, mort le 5 février 1871, à Perpignan.

LÉONARD MEYNIEUX, 28 ans, soldat au 79ᵉ de ligne, mort le 1ᵉʳ septembre 1870, à Sedan. (Blessé par un éclat d'obus.)

LÉONARD THARAUD, 27 ans, garde au 71ᵉ mobiles, mort le 2 décembre 1870, à Terminiers.

COMMUNE D'AMBAZAC

MATHURIN CARRIAT, 29 ans, soldat au 10ᵉ de ligne, mort le 9 janvier 1871, à Langres.

MARTIAL DUSSARTRE, 38 ans, garde au 71ᵉ mobiles, mort le 27 janvier 1871, à Limoges.

FRANÇOIS PIAUD, 22 ans, garde au 71ᵉ mobiles, mort le 19 mars 1871, à Limoges.

9

COMMUNE DE SAINT-ANNE-SAINT-PRIEST

Léonard CHOUVIAT, 22 ans, garde au 71ᵉ mobiles, mort le 22 janvier 1871, à Limoges.

Jean COMTE, 22 ans, garde au 71ᵉ mobiles, mort le 21 février 1871, à Châteauroux.

Léonard SAMI, 23 ans, garde au 71ᵉ mobiles, mort le 19 janvier 1871, à Luché-Pringé (Sarthe).

COMMUNE D'AUGNE

François CANOU, 23 ans, soldat au 81ᵉ de marche, Limoges.

Léonard PARNEIX, 21 ans, soldat au 81ᵉ de marche, mort le 18 septembre 1871, à Aumale.

Guillaume SAUVIAT, 21 ans, soldat au 87ᵉ de ligne, mort le 11 septembre 1870, à Strasbourg.

COMMUNE D'AUREIL

Guillaume MAUSSET, 30 ans, soldat au 136ᵉ de ligne, mort le 30 novembre 1870, à Brie-sur-Marne.

COMMUNE DE BEAUMONT

Jean ARFOUILLANT, 20 ans, cavalier au 9ᵉ dragons, mort le 3 février 1871, à Nevers.

Emmanuel DELAMICHEL, 21 ans, garde au 71ᵉ mobiles, mort le 15 décembre 1870, à Terminiers. (Blessé par un éclat d'obus.)

Auguste POULIER, 22 ans, garde au 71ᵉ mobiles, disparu.

COMMUNE DE BEAUNE

Jacques GOURSAUD, 27 ans, soldat au 116ᵉ de ligne, mort le 30 novembre 1870, à Sucy-en-Brie. (Seine-et-Oise.)

Louis HAINAULT, 22 ans, soldat au 28ᵉ de ligne, mort le 8 mars 1871, au Mans.

COMMUNE DE BERSAC

François BELZANES, 22 ans, soldat au 87ᵉ de ligne, mort le 16 septembre 1870.

Léonard MARSAT, 23 ans, garde au 71e mobiles, mort le 9 mars 1871, à Poitiers.

Louis MAZAUDON, 24 ans, soldat au 47e de ligne, mort le 9 septembre 1870, à Cambroy.

François ROUDIER, 23 ans, mort le 26 décembre 1870.

COMMUNE DE BEYNAC

Pierre DESMOULIN, 25 ans, garde au 71e mobiles, mort le 2 décembre 1870, à Terminiers.

COMMUNE DES BILLANGES

François CHABROULET, 22 ans, soldat au 121e de ligne, mort le 21 janvier 1871, à Paris.

Philippe-Léonard COURTY, 25 ans, soldat au 100e de ligne, mort le 16 août 1870, à Rezonville.

Louis GARLETIN, 21 ans, canonier au 15e d'artillerie, mort le 3 février 1871, à Rennes.

Martial VOLONDAT, 23 ans, soldat au 100e de ligne, mort le 16 août 1870, à Rezonville.

COMMUNE DE BOISSEUIL

Jean-Baptiste-Barthélémy RAYMOND, 52 ans, soldat au 39e de ligne, mort le 22 janvier 1871.

COMMUNE DE BONNAC

Gabriel BARRIANT, 25 ans, mort à Wissembourg.

Michel BRUN, 36 ans, soldat de l'armée de la Loire.

Léonard CHASSAGNAUD, 22 ans, garde au 71e mobiles, mort le 3 novembre 1870, à Salbris.

Jacques GRASDEPOT, 24 ans, garde au 71e mobiles.

Etienne THOMAS, 21 ans.

COMMUNE DE SAINT-BONNET-LA-RIVIÈRE

Léonard CHABRELY, garde au 71e mobiles, mort le 16 janvier 1871, à Limoges.

Léonard DUBOIS. 28 ans, soldat au 65ᵉ de ligne. mort le 11 juin 1871, à Coblentz.

Léonard DUVALET, 25 ans, garde au 71ᵉ mobiles, mort le 9 décembre 1870, à Chambord.

Léonard GUILHOU, 23 ans, soldat au train des équipages. mort le 16 décembre 1870, en Prusse.

Léonard LACCORD, 26 ans, soldat à la garde impériale, mort le 18 août 1870, à Gravelotte.

Paul LACOUCHE, 24 ans, garde au 71ᵉ mobiles. mort le 19 février 1871, à Nîmes.

Léonard PUIJOUBERT, 21 ans, garde au 71ᵉ mobiles, mort le 15 janvier 1871, à Dantzig,

François SYLVAIN, 21 ans, garde au 71ᵉ mobiles, mort décembre 1870, à Terminiers.

COMMUNE DE BOSMIE

Vincent DENIS.

COMMUNE DE BUJALEUF

Jacques BERNARD, 24 ans, soldat au 47ᵉ de ligne.

Etienne CAILLAUD, 25 ans, soldat au 14ᵉ bataillon de chasseurs à pied, mort le 16 août 1870, à Gravelotte.

François CARROUX, 22 ans, soldat au 47ᵉ de ligne, mort en septembre 1870, à Hagueneau.

Jean-Baptiste DUMONT, 21 ans, garde au 71ᵉ mobiles. mort le 1 janvier 1871, à Orléans.

Jean GROLAUD, 26 ans, garde au 71ᵉ mobiles, mort le 25 avril 1871, au Mans.

Léonard JALONEIX. 23 ans, cavalier au 3ᵉ cuirassiers, mort le 7 février 1871, à Schleswig.

Jean JEANNE, 20 ans, cavalier au 5ᵉ dragons, mort le 28 décembre 1870, à Auch.

Léonard MARTEAU, 42 ans, sous-lieutenant au 7ᵉ de marche, mort le 30 janvier 1871, à Lanthenay.

François MORTEROL, 23 ans, soldat au 16ᵉ de ligne, mort le 4 décembre 1870, à Mung.

COMMUNE DE CHAMPNÉTERY

Léonard COUTURIER, 22 ans, garde au 71ᵉ mobiles, mort le 2 décembre 1870, à Terminiers.

COMMUNE DE CHAPTELAT

Léonard BRUN, 23 ans, dragon, mort le 29 décembre 1871, à Bordeaux.

Pierre GLANDUS, 20 ans, garde au 71e mobiles, mort le 28 janvier 1871, à Sablé.

Léonard RUAUD, 21 ans, soldat au 14e de ligne, mort le 30 novembre 1870, à Champigny.

COMMUNE DE CHATEAUNEUF

Martial DUBOIS, garde au 71e mobiles, mort le 12 février 1871, à Rennes.

Léonard LAPERRE, franc-tireur, mort le 31 janvier 1871, à la Roche-sur-Yon.

COMMUNE DU CHATENET

Alexandre-Camille DESHAYES, capitaine au 71e mobiles, blessé mortellement à Chambord, mort le 7 décembre 1870, à Blois.

Léonard COUSSEDIÈRE, 25 ans, garde au 71e mobiles, mort en février 1871, en Bavière.

Jean JABET, 25 ans, sergent-major au 89e de ligne, mort le 31 décembre 1870, à Cambrai.

COMMUNE DE CONDAT

Pierre CHABRELY, mort en 1870.

Léonard DESCHAMPS, 24 ans garde au 71e mobiles, mort le 9 décembre 1870, a Chambord.

François GAMAUDY, 21 ans, garde au 71e mobiles, mort le 15 novembre 1870, à Montargis.

Pierre ROUSSELLE, 25 ans, mort le 16 août 1870, à Borny.

Martial ROUSSELLE.

Jean-Baptiste PAILLET, 25 ans, garde mobilisé, mort le 14 mai 1871, à Limoges.

COMMUNE DE COUZEIX

François BROUSSAUD, 25 ans, soldat au 89e de ligne, mort le 2 septembre 1870, a Sedan.

Léonard DENIS, 25 ans, garde au 71e mobiles, mort le 27 février 1871, à Villedieu.

Joseph DROUET, 23 ans, garde au 71e mobiles mort le 2 décembre 1870, a Terminiers.

JEAN-BAPTISTE DUBIARD, 20 ans, cavalier au 13ᵉ chasseurs à cheval, mort le 16 novembre 1870, à Avignon.

JEAN DUGEAY, 20 ans, cavalier au 5ᵉ dragons, mort le 8 décembre 1870, à Auch.

FRANÇOIS HYVERNAUD, 25 ans, soldat au 89ᵉ de ligne, mort le 2 septembre 1870, à Sedan.

JEAN MALIVERT, 29 ans, soldat au 89ᵉ de ligne, mort le 25 octobre 1870, à Paris.

MATHURIN RAGOUT, 23 ans, garde au 71ᵉ mobiles, mort le 17 février 1871, à Paris.

COMMUNE DE SAINT-DENIS-DES-MURS

JEAN BEAUFFENY, 24 ans, soldat au 97ᵉ de ligne, mort le 16 août 1870, à Gravelotte.

MARTIAL GILLES, 27 ans, soldat au 45ᵉ de ligne, mort le 6 août 1870, à Reischoffen.

LÉONARD GOUNY, 25 ans, soldat au 19ᵉ bataillon de chasseurs à pied, mort à Toulouse.

LÉONARD GOUNY, 20 ans, soldat au 68ᵉ de marche.

FRANÇOIS GRENIER, 24 ans, garde au 71ᵉ mobiles, mort à Orléans.

DANIEL SARRE, 27 ans, canonier au 2ᵉ d'artillerie, mort à Wesel.

COMMUNE D'EYJEAUX

JOSEPH DECONCHAT, 20 ans, soldat au 10ᵉ de ligne.

MATHIEU DEMAISON, 26 ans, soldat au 89ᵉ de ligne, mort le 1ᵉʳ septembre 1870, à Sedan.

COMMUNE D'EYMOUTIERS

ALPHONSE AUFRÈRE, 24 ans, garde au 71ᵉ mobiles, mort le 2 décembre 1870, à Lumeau.

JACQUES BESSE, 26 ans, soldat au 89ᵉ de ligne, mort le 3 septembre 1870, à Ulm.

JACQUES CHAMBARETAUD, 22 ans, soldat au 47ᵉ de ligne, mort le 3 septembre 1870, à Sedan.

LÉON DUPUY, 22 ans, garde au 71ᵉ mobiles, mort le 2 décembre 1870, à Lumeau.

LÉONARD JARRAUD, 44 ans, soldat au 2ᵉ d'infanterie de marine, mort le 6 janvier 1871, à Saint-Mandrier.

Léonard LATINAUD, 28 ans, soldat au 18ᵉ de ligne, mort le 2 décembre 1870, à Lumeau.

Etienne PRABONNAUD, 25 ans, garde au 71ᵉ mobiles, mort le 18 février 1871, à Doué.

Blaise RENET, 30 ans, soldat au 18ᵉ de ligne, mort à Coblentz.

COMMUNE DE FEYTIAT

Jean-Baptiste PERRAUD, 22 ans, soldat au 47ᵉ de ligne, mort le 31 janvier 1871, à Montpellier.

COMMUNE DE SAINT-GENCE

François BARDET, 23 ans, garde au 71ᵉ mobiles, mort en décembre 1870, à Orléans.

Pierre BESSAGUET, 22 ans, soldat au 63ᵉ de ligne, mort le 14 août 1870, à Metz.

Jean BOUTAUD, 26 ans, soldat d'infanterie de ligne, mort en 1870.

Pierre LAMIGE, 22 ans, soldat au 9ᵉ chasseurs, mort le 24 décembre 1870, à Tours.

Pierre RAGOUT, 22 ans, garde au 71ᵉ mobilis, mort le 3 mai 1871, à Terminiers.

COMMUNE DE SAINT-GENEST

Léonard ALBIN, soldat au 43ᵉ de ligne, mort en 1871,

Pierre DUBOIS, garde mobilisé, mort le 12 février 1871, à Limoges.

Pierre LONGEQUEUE, 24 ans, soldat au 14ᵉ de ligne, mort en 1871.

Jean RAYNAUD, 21 ans, soldat au 71ᵉ mobiles, mort le 12 décembre 1870, à Orléans.

COMMUNE DE LA GENEYTOUSE

Léonard ALARY, 20 ans, soldat au 10ᵉ de ligne, mort le 1ᵉʳ janvier 1871, à Lambesc.

Jean CAILLAUD, 21 ans, garde au 71ᵉ mobiles, mort le 23 janvier 1871, à La Flèche.

Pierre CAVILLE, 24 ans, garde au 71ᵉ mobiles, mort le 19 janvier 1871, à Pontvallain.

Denis GAUMOT, 25 ans, garde au 71ᵉ mobiles, mort le 12 janvier 1871, à Limoges.

Léonard ROUSSEN, 36 ans, soldat au 81ᵉ de ligne. mort le 25 février 1871, à Bordeaux.

COMMUNE DE SAINT-GILLES-LES-FORÊTS

Léonard BOURIQUET, 33 ans, mort le 3 octobre 1870, à Orléans.

Léonard BOUSSELY, 22 ans. mort en 1871, en Prusse.

Jean MADORE, 20 ans, mort en décembre 1870, à Aix.

Léonard MAGIEN, 26 ans, mort en janvier 1871, en Prusse.

Jean MONTEIL, 22 ans, artilleur-garde mobilisé, mort le 17 février 1871, à Limoges.

Jean PANTEIX, 22 ans.

COMMUNE DE SAINT-HILAIRE-BONNEVAL

Martial CLUZELOT, 21 ans, soldat au 138ᵉ de ligne, mort le 17 janvier 1871, à Paris.

Léonard DECONCHAT, 29 ans, garde au 71ᵉ mobiles. mort le 14 janvier 1871, à Tours.

Jean FAURE, 21 ans, garde mobilisé, mort le 5 mars 1871, à Châteauroux.

Pierre FAURE, 22 ans, soldat au 2ᵉ de ligne. mort le 14 juin 1871, à Paris.

Joseph LAFARGE, 24 ans, garde au 71ᵉ mobiles, mort le 25 novembre 1870, à Olivet.

Léonard NICOLAS, 22 ans, garde au 71ᵉ mobiles, mort le 30 décembre 1870, à Orléans.

Léonard NOUHAUD, 27 ans, zouave, mort le 1ᵉʳ janvier 1871, au Mans.

COMMUNE D'ISLE

Léonard CANARD.

Jean DESCHAMPS, mort le 2 décembre 1870, à Bry-sur-Marne.

Jean-Baptiste ROUGERIE, mort le 5 décembre 1870, à Gentilly.

Pierre ROUGERIE, mort le 4 septembre 1870, à Sedan.

COMMUNE DE JABREILLES

Augustin FINET, 23 ans, garde au 71ᵉ mobiles, mort le 17 décembre 1870, à Terminiers.

Léger PANGAUD, 22 ans, garde au 71ᵉ mobiles, mort le 1ᵉʳ février, 1871, à Saulges.

COMMUNE DE SAINT-JEAN-LIGOURE

Pierre DECONCHAT, 23 ans, garde au 71ᵉ mobiles, mort le 24 janvier 1871, à Angers.

François DUFOUR, sergent au 13ᵉ bataillon de chasseurs à pied, mort le 6 août 1870, à Wœrth.

Léonard FAUCHER, 29 ans, garde mobilisé, mort le 1ᵉʳ mars 1871, à Châteauroux.

COMMUNE DE LA JONCHÈRE

Selin BLAISE, 24 ans, garde au 71ᵉ mobiles, mort le 27 décembre 1870, à Limoges.

Léonard VALADE. 22 ans.

COMMUNE DE JOURGNAC

Jacques DESBORDES.

Pierre MAUD, mort le 7 octobre 1870, à Metz.

COMMUNE DE SAINT-JOUVENT

André LAROCHE, 22 ans, soldat au 81ᵉ de ligne, mort le 11 février 1871, à Bordeaux.

Jean PRADEAU, 26 ans, garde au 71ᵉ mobiles, mort le 26 février 1871, à Châteauroux.

Pierre MALIVERT, 26 ans, soldat au 43ᵉ de ligne, mort le 10 octobre 1870, à Metz.

Pierre TESSIER, 27 ans, cavalier au 10ᵉ dragons, mort le 9 novembre 1870, à Limoges.

COMMUNE DE SAINT-JULIEN-LE-PETIT

Léonard BOUDEAU, 25 ans, garde au 71ᵉ mobiles.

Louis BOURSIER, 27 ans, garde au 71ᵉ mobiles, mort en janvier 1871, à Orléans.

Louis DELANGLE, 23 ans, garde au 71ᵉ mobiles, mort le 9 décembre 1870, à Chambord.

Léonard PIATTE, mort en 1871.

Joseph PICOURET, 26 ans, dragon, mort en 1871.

COMMUNE DE SAINT-JUST

Henri BRAYE, garde au 71ᵉ mobiles, mort le 25 janvier 1871.

Jean BOURRU, 33 ans, garde mobilisé, mort le 8 février 1871.

Léonard BRUGEAUD, 28 ans, soldat au 10ᵉ de ligne, mort le 3 mars 1871.

Léonard CHADELAS, 28 ans.

Pierre CRAMAILLE, 27 ans, canonier au 18ᵉ d'artillerie, mort à Saint-Privat.

Pierre DROUILLAS, 24 ans, soldat au train des équipages.

Léonard LANNETTE, 23 ans, garde au 71ᵉ mobiles, le 9 décembre 1870, à Chambord.

COMMUNE DE LACROISILLE

Léonard BOYER, 23 ans, garde au 71ᵉ mobiles, mort le 20 novembre 1870, à Bourges.

Jean CAMAILLAC, 23 ans, soldat au 89ᵉ de ligne.

Pierre CAPYAN, 22 ans, garde au 71ᵉ mobiles, mort le 25 décembre 1870, à Terminiers.

Etienne PICARD, 21 ans, garde au 71ᵉ mobiles, mort le 20 novembre 1870, à Limoges.

Jean ROCHE, 22 ans, garde mobilisé, mort le 24 mars 1871, à Limoges.

Antoine TEXIER, 22 ans, garde au 71ᵉ mobiles, mort le 2 décembre 1870, à Terminiers.

COMMUNE DE SAINT-LAURENT-LES-ÉGLISES

Jean BALAGEAS, 20 ans, mort le 22 décembre 1870.

Jean BERNARD, 20 ans, soldat au 2ᵉ bataillon de chasseurs à pied, mort le 27 février 1871.

François BOURNAZAUD, 20 ans, mort en 1871.

Maurel GUÉRY, 21 ans, mort en 1870.

Vincent LACHENY, 22 ans, mort en 1870.

Léonard RACLE, 20 ans, mort en 1871.

COMMUNE DE LAURIÈRE

François JEANTON, 23 ans, garde au 71ᵉ mobiles.

Pierre PAQUET, 23 ans, garde au 71ᵉ mobiles.

COMMUNE DE SAINT-LÉONARD

Mathieu BIAUJOU, 23 ans, garde au 16ᵉ régiment de mobiles, mort en 1870.

François-Dominique CARQUEIX, 27 ans, soldat au 10ᵉ de ligne, mort le 12 novembre 1870, à Langres.

Jean CATINAUD, 22 ans, soldat au 113ᵉ de ligne, mort le 26 mai 1871, à Paris.

François FARGEAUD, 27 ans, sergent au 52ᵉ de ligne, mort le 7 septembre 1871, à Givonne (blessé à Sedan).

Léonard PEYROT, 22 ans, mort le 19 janvier 1871, à Cambrai.

Jacques SABOURDY, 22 ans, mort en 1870.

Louis BOURSIER, 23 ans, garde au 71ᵉ mobiles, mort le 27 décembre 1870, à Saint-Léonard.

Léonard BESSE, 22 ans, garde mobilisé, mort le 27 janvier 1871, au Bragard.

François SAINTANNE, 23 ans, garde mobilisé, mort le 9 mars 1871, à Saint-Léonard.

Léonard TRICARD, 24 ans, garde mobilisé, mort le 9 mars 1871, à Saint-Léonard.

Léonard LACOUR, 21 ans, soldat au 10ᵉ de ligne, mort le 10 mars 1871 à Saint-Léonard.

Pierre PICAUD, 30 ans, garde mobilisé, mort le 20 mars 1871, à Saint-Léonard.

Michel LESAGE, 22 ans, garde au 71ᵉ mobiles, mort le 21 mars 1871, à Saint-Léonard.

Simon LACOUR, 24 ans, garde au 71ᵉ mobiles, mort le 29 mars 1871, à Saint-Léonard.

Jean BROCK, 25 ans, soldat au 89ᵉ de ligne, mort le 5 octobre 1870, à Cambrai.

François LALLAND, 30 ans, soldat au 37ᵉ de ligne, mort le 5 mars 1871, à Nancy.

François BOUCOLE, 22 ans, soldat au 87ᵉ de ligne, mort le 16 septembre 1870, à Strasbourg.

Léonard JEANTON, 24 ans, garde au 71ᵉ mobiles, mort le 15 janvier 1871, à Tours.

Michel MARCHEIX, 33 ans, soldat au 2ᵉ zouaves, mort le 31 août 1871, à Oran.

François MÉRAUD, 23 ans, soldat au 11ᵉ d'artillerie, mort le 21 novembre 1871, à Saint-Léonard.

Léonard PAROUTY, 32 ans, garde mobilisé, mort le 26 février 1871, à Limoges.

Gabriel CONSTANT, 32 ans. soldat au 3 8ᵉde ligne, mort février 1871, à Limoges.

COMMUNE DE LIMOGES

Charles-Jean-Jacques-Joseph ARDANT DU PICQ, 59 ans, colonel au 10ᵉ de ligne, mort le 15 août 1870, à Longeville (Moselle).

Léonard ARNAUD, 27 ans, franc-tireur, mort le 1ᵉʳ février 1871, à Poitiers.

François BAILLARGER, 46 ans, canonnier au 2ᵉ régiment d'artillerie, mort le 24 décembre 1870, à Autun.

Paul BAIGNOL, 23 ans, garde au 71ᵉ mobiles, mort le 23 janvier 1871. à Loigny.

Firmin-Joseph-Alphonce BARDINET, capitaine au 71ᵉ mobiles, mort le 2 décembre 1870, à Terminiers.

BARRIÈRE, soldat au 115ᵉ de ligne, mort en décembre 1870, à Champigny.

Jean-Baptiste BARTHÉLEMY, 30 ans, franc-tireur, mort le 30 janvier 1871, à Laval.

Frédéric BASTIEN, 25 ans, garde au 71ᵉ mobiles, mort le 16 janvier 1871, à Milly (Seine-et-Oise).

Gabriel-Marie DE BEAUNE-BEAURIE. garde au 71ᵉ mobiles, mort le 2 décembre 1870, à Terminiers.

BERGERAS, garde au 71ᵉ mobiles, mort le 8 décembre 1870, à Limoges.

Victor BLAMPIED, 20 ans, franc-tireur, mort le 26 décembre 1870. à Poitiers.

Charles BLANCHON, 25 ans, garde au 71ᵉ mobiles, mort le 19 janvier 1871, à Châteaudun.

Jules BLONDY, 59 ans, chef de bataillon au 97ᵉ de ligne, mort le 16 août 1870, à Gravelotte.

Léonard BONNET, 18 ans, soldat au 10ᵉ de ligne, mort le 12 janvier 1871, à Nevers.

Fabin-Adolphe BOUBEAU, 18 ans, soldat au 89ᵒ de ligne, mort le 5 octobre 1870, à Arras.

François BRAUD, 18 ans, garde au 71ᵉ mobiles, mort le 2 janvier 1871, à Limoges.

Jean-Baptiste-Auguste BRUGERIE, 18 ans, garde au 71ᵉ mobiles, mort en mars 1871, à Kokow (Prusse).

Léonard BUISSON, 18 ans, soldat au 37ᵉ de marche, mort le 17 novembre 1870, à Orléans.

Alfred CANDELÉ, 23 ans, brigadier au 7ᵉ lanciers, mort en 1871, à Dresde (Saxe).

Pierre CARDENET, 25 ans, caporal au 29ᵉ de ligne, mort le 18 août 1870, à Saint-Privat.

Jules CASSOULE, 23 ans, garde au 71ᵉ mobiles, mort le 19 avril 1871, à Moulins.

Mathurin CATHALY, 23 ans, soldat au 92ᵉ de ligne, mort le 3 janvier 1871, à Briare.

Jean-Baptiste CHABOT, 60 ans, tambour au 71ᵉ mobiles, mort le 2 décembre 1870, à Terminiers.

Pierre-Isidore-Gustave CHATRAS, 23 ans, capitaine au 71ᵉ mobiles, mort le 20 avril 1871, à Limoges.

Jean CHIROL, 28 ans, soldat au 112ᵉ de ligne, mort le 9 janvier 1871, à Paris.

Guillaume CONCHES, 23 ans, garde au 71ᵉ mobiles, mort le 9 janvier 1871, a Orléans.

Jean-Baptiste-Victor COSTE, 25 ans, soldat au 10ᵉ de ligne, mort le 13 décembre 1870, à Orléans.

Jean-Baptiste COUSSY, 30 ans, soldat au 2ᵉ génie, mort le 11 novembre 1870, à Montpellier.

Pierre DELAGE, 30 ans, soldat au 71ᵉ de ligne, mort le 10 décembre 1870, à Orléans.

Jean-Baptiste DEMIGNOT, 30 ans, soldat au 71ᵉ de ligne, mort le 12 octobre 1870, à Montpellier.

Jean-Baptiste DENIS, 21 ans, soldat au 27ᵉ de marche, mort le 2 décembre 1870, à Poupry, près Arthenay.

Georges DESFORGES, 21 ans, soldat au 6ᵉ bataillon de chasseurs, mort le 16 août 1870, à Gravelotte.

DUBUY, 22 ans, garde au 71ᵉ mobiles, mort le 1ᵉʳ janvier 1871, à Orléans.

François DUGÉNY, 22 ans, garde au 71ᵉ mobiles, mort le 2 décembre 1870, à Terminiers.

Antoine DUJAIX, 20 ans, cavalier au 5ᵉ dragons, mort le 5 octobre 1870, à Arras.

François-Eugène FAUGERON, 20 ans, marin, mort le 9 janvier 1871, à Saint-Quentin.

Léonard FLOUQUET, 25 ans, garde au 71ᵉ mobiles, mort le 1ᵉʳ décembre 1870, à Limoges.

Jean-Baptiste FOURNIER, 22 ans, garde au 71ᵉ mobiles, mort le 31 décembre 1870, à Terminiers.

FRUGIER, 22 ans, soldat au 35ᵉ de marche, mort le 11 janvier 1871, à Ardenay (Sarthe).

Emile FRUGIER, 21 ans, soldat de ligne, mort à Paris.

Jean GAGNANT, 25 ans, garde au 71ᵉ mobiles, mort le 9 janvier 1871, à Orléans.

André GAUDY, 36 ans, sergent au 128ᵉ de ligne, mort le 25 février 1871, à Luxembourg.

Raoul GAUTIER, 18 ans, caporal au 68ᵉ de ligne, mort le 30 août 1870, à Beaumont.

Charles-Antoine GIRAUD, 21 ans, soldat au 11ᵉ de ligne, mort le 29 décembre 1870, à Orléans.

Edouard GORSAS, 22 ans, garde au 71ᵉ mobiles, mort le 2 décembre 1870, à Terminiers.

Léonard GORSAT, 22 ans, soldat au 8ᵉ de ligne, mort le 4 décembre 1870, à Montpellier.

Jean-Baptiste GRANGER, 24 ans, soldat au 42ᵉ de ligne, mort le 30 novembre 1870, à Champigny.

Louis GRILLIÈRE, 18 ans, soldat au 49ᵉ de ligne, mort le 2 décembre 1870, à Sedan.

Léonard GUERGAY, 27 ans, soldat au 1ᵉʳ régiment d'infanterie de marine, mort le 4 septembre 1870, à Sedan.

Félix GUILLEMOT, 30 ans, lieutenant au 13ᵉ bataillon de chasseurs, mort le 6 août 1870, à Wœrth.

François-Jacques HARDEL, 30 ans, capitaine au 109ᵉ de ligne, mort le 19 janvier 1871, à Buzenval.

François HYVERNAUD, 25 ans, soldat au 89ᵉ de ligne, mort le 16 octobre 1870, à Sedan.

Pierre JOUBERT, 25 ans, franc-tireur, mort le 27 janvier 1871, à Vierzon.

Pierre JOYEUX, 25 ans, garde au 71ᵉ mobiles, mort le 3 janvier 1871, à Limoges.

Etienne-Lucien JUDE-LACOMBE, 23 ans, soldat au 115ᵉ de ligne, mort le 30 octobre 1870, à Paris.

Joseph LACOTTE, 22 ans, garde au 71ᵉ mobiles, mort le 3 décembre 1870, à Terminiers.

Pierre LAFARGE, 22 ans, soldat au 89ᵉ de ligne, mort le 2 septembre 1870, à Sedan.

Martial LALUT, 21 ans, soldat au 95ᵉ de ligne, mort le 2 décembre 1870, à Champigny.

François-Emile LANGLE, 22 ans, sergent au 71ᵉ mobiles, mort le 2 décembre 1870, à Lumeau.

Jean-Baptiste-Edouard LAPORTE, 24 ans, garde au 71ᵉ mobiles, mort le 2 décembre 1870, à Terminiers.

Paul LARUE-DUBARRY, 24 ans, soldat au 115ᵉ de ligne, mort le 30 novembre 1870, à Montmesly.

— 145 —

Pierre LEGROS, 23 ans, mobiles de la Gironde, mort le 10 janvier 1871, a Nuits.

Sébastien LENOBLE, 47 ans, soldat au 4ᵉ bataillon de chasseurs, mort le 10 janvier 1871, à Chambéry.

Léon MALAVAUD, 47 ans, soldat au 115ᵉ de ligne, mort le 16 décembre 1870, à Metz.

Antoine MÉNARD, 23 ans, soldat au 3ᵉ zouaves, mort le 11 janvier 1871, à Langres.

Jean-Baptiste MINSAT, 26 ans, canonnier au 1ᵉʳ régiment d'artillerie, mort le 17 février 1871, à Souché (Deux-Sèvres).

Léonard PALLIER, 26 ans, soldat au 43ᵉ de ligne, mort le 18 août 1870, à Saint-Privat.

Léon PAROT, 20 ans, soldat au 87ᵉ de ligne, mort le 26 octobre 1870, à Montpellier.

Pierre PAROT, 26 ans, caporal au 1ᵉʳ zouaves, mort le 6 août 1870, à Frœschwillers.

Henri PÉRET, 34 ans, soldat au 10ᵉ de ligne, mort le 12 décembre 1870, à Meung-sur-Loire.

Edgard PONCET des NOUAILLES, 26 ans, sous-lieutenant au 30ᵉ de ligne, mort le 30 août 1870, à Beaumont-en-Argonne,

Eugène-Joseph REDON, 24 ans, sergent au 3ᵉ tirailleurs algériens, mort le 6 août 1870, à Reischoffen.

Martial SARRAZY, 19 ans, chasseur de l'ex-garde, mort le 26 février 1871, à Valence (Drôme).

François SARRE, 19 ans, soldat au 3ᵉ zouaves, mort le 10 novembre 1870, à Besançon.

Victor TRAMBLAY, capitaine-adjudant-major au 1ᵉʳ de ligne, mort le 18 août 1870, à Saint-Privat.

Pierre VALADE, 20 ans, soldat au 3ᵉ de ligne, mort le 14 janvier 1871, à Valence.

Jean-Baptiste VERGNOLLE, 20 ans, garde au 71ᵉ mobiles, mort le 4 janvier 1871, au Mans.

Edmond-Gustave-Edouard VIGNAUD-DUPUY de SAINT-FLORENT, 21 ans, caporal au 71ᵉ mobiles, mort le 5 décembre 1870, à Lumeau.

Louis VILLA, 22 ans, soldat au 52ᵉ de ligne, mort le 28 décembre 1870, à Nevers.

COMMUNE DE SAINT-LÉGER-LA-MONTAGNE

François BUREAUD, 22 ans, garde au 71ᵉ mobiles, mort le 14 décembre 1870, à Loigny.

Jean DEJOUANNET, 22 ans, soldat à l'armée du Rhin,

COMMUNE DE LINARDS

Pierre ARNAUD, 20 ans, mort en Prusse.

Léonard COUDERT, 27 ans, soldat au 89ᵉ de ligne, mort le 8 février 1871, à Ubigau.

Léonard DUMAZAUD, 30 ans, mort le 13 janvier 1871, à Limoges.

Léonard LAGRANGE, 27 ans, soldat au 53ᵉ de ligne, mort le 13 février 1871, à Limoges.

Jean MAUSSET, 22 ans, soldat au 47ᵉ de ligne, mort le 6 août 1870, à Wœrth.

Jean MONTAGNER, 21 ans, mort le 28 novembre 1870, à Aix.

André THOUMIEUX, 23 ans, mort le 10 mars 1871.

COMMUNE DE SAINT-MARTIN-TERRESSUS

Jean JABET, 25 ans, sergent-major au 89ᵉ de ligne, mort le 28 septembre 1870, à Cambrai.

Antoine CANEAU, 20 ans, soldat au 10ᵉ de ligne, mort le 3 février 1871, à Vierzon.

COMMUNE DE SAINT-MARTIN-LE-VIEUX

Pierre DELOMENY, 20 ans, soldat au 28ᵉ de ligne, mort le 20 décembre 1870, à Nantes.

Léonard DUPUY, 22 ans, soldat au 87ᵉ de ligne, mort le 12 octobre 1870, à Strasbourg.

COMMUNE DE MASLÉON

Charles BOUCHET, 23 ans, garde au 71ᵉ mobiles, mort le 20 janvier 1871, à Kalk.

COMMUNE DE SAINT-MÉARD

Jules AGATHE.

Léonard BUXERAUD.

Jean-Frédéric DEBLOIS, 30 ans, soldat au 10ᵉ de ligne, mort le 21 décembre 1871, à Étampes.

Léonard DEBLOIS, 30 ans.

Léonard PAROT.

COMMUNE DE MOISSANNES

Léonard COUTURIER, 22 ans, garde au 71ᵉ mobiles, mort le 2 décembre 1870, à Terminiers.

Léonard MAUREIL, 21 ans, chasseur de l'ex-garde, mort le 8 mars 1871, à Valence.

• Jacques MENUDIER, 23 ans, garde mobilisé, mort le 22 janvier 1871, à Limoges.

COMMUNE DE NEDDE

Joseph COUTY, 27 ans, cavalier au 5ᵉ lanciers, mort le 13 septembre 1870.

Joseph GORCE, 21 ans, soldat à la 2ᵉ section d'infirmiers, mort le 16 janvier 1871.

François LABRUNE, 21 ans, soldat au 9ᵉ bataillon de chasseurs à pied, mort le 28 février 1871.

Gabriel MORATILLE, 26 ans, soldat au 89ᵉ de ligne, mort le 1ᵉʳ septembre 1870, à Sedan.

Léonard PARNEIX, 21 ans, soldat au 81ᵉ de marche, mort le 18 septembre 1871.

Martial ROUSSEAU, 20 ans, soldat au 10ᵉ de ligne, mort le 15 février 1871.

Martin SARDAIGNE, 31 ans, soldat au 79ᵉ de ligne, mort le 1ᵉʳ septembre 1870, à Sedan.

Pierre URBAIN, garde mobilisé, mort le 24 mars 1871.

Jean VÉZINAUD, 25 ans, soldat au 25ᵉ de ligne, mort le 26 septembre 1870.

COMMUNE DE NEUVIC

Léonard LEGRAND, garde au 71ᵉ mobiles, mort le 23 novembre 1870, à Orléans.

COMMUNE DE NIEUL

Charles COULON, 22 ans, mort le 5 décembre 1870, à Pau.

10

COMMUNE DU PALAIS

Jean BARRIÈRE.

Léon BOURNAZEAU, 27 ans, franc-tireur. mort au Mans.

DHVERT.

Georges NOUHAUD, 23 ans, garde au 71ᵉ mobiles, mort le 13 mars 1871, à Reims.

Louis VERGNAUD, garde au 71ᵉ mobiles.

COMMUNE DE PANAZOL

Martial CARQUEIX, 22 ans, soldat au 87ᵉ de ligne, mort le 24 octobre 1870, à Montpellier.

Léonard FAURE, 26 ans, soldat au 43ᵉ de ligne, mort le 15 février 1871.

Pierre LECLERC, 24 ans, garde au 71ᵉ mobiles, mort le 2 décembre 1870, à Terminiers.

Jean VIGIER, 21 ans, soldat au 95ᵉ de ligne, mort le 25 décembre 1870.

COMMUNE DE SAINT-PAUL

Léonard AGOT, 21 ans, garde au 71ᵉ mobiles, mort le 4 janvier 1871, à Limoges.

Léonard BARNY, 24 ans, garde au 71ᵉ mobiles, mort le 14 janvier 1871, à Nouzilly.

Pierre LACORRE, soldat au 4ᵉ voltigeurs, mort le 16 août 1870, à Gravelotte.

Antoine LUCHAT, 21 ans, soldat au 121ᵉ de ligne, mort le 8 février 1871, à Paris.

COMMUNE DE PEYRAT-LE-CHATEAU

Bernard DELAYE, 23 ans, canonnier au 6ᵉ d'artillerie, mort le 12 octobre 1870.

Jean-Baptiste LAVERGNE, 24 ans, cavalier au 4ᵉ cuirassiers, mort le 30 janvier 1871.

Blaise MEILHAC, 20 ans, cavalier au 10ᵉ dragons, mort le 31 janvier 1871.

Léonard REPIQUET, 30 ans, soldat au 78ᵉ de ligne, mort le 3 décembre 1870.

Jean TEXIER, 23 ans, soldat au 27ᵉ de marche, mort le 21 octobre 1870.

COMMUNE DE PEYRILHAC

Jean DEGLANE, 26 ans, garde mobilisé, mort le 22 janvier 1871, a Argenton.

Achille-Jean-Baptiste LÉPINE, 20 ans, soldat au 9ᵉ bataillon de chasseurs à pied, mort le 8 avril 1871.

COMMUNE DE PIERRE-BUFFIÈRE

Martin LANSADE, 23 ans, garde au 71ᵉ mobiles.

Pierre LANSADE, 27 ans, garde mobilisé, mort février 1871.

Louis THOMAS, 28 ans, soldat au 59ᵉ de ligne, mort le 28 septembre 1870, à Laon.

COMMUNE DE SAINT-PRIEST-SOUS-AIXE

Pierre CHABAUDIE, 22 ans, soldat au 115ᵉ de ligne, mort le 7 mars 1871, à Paris.

Jean GAYOUT, 22 ans, soldat au 112ᵉ de ligne, mort à Paris.

Jean MANDOUX, 27 ans, soldat au 121ᵉ de ligne, mort le 26 janvier 1871, à Paris.

Pierre RICHARD, 20 ans, soldat au 10ᵉ de ligne, mort le 9 janvier 1871, à Aix.

Simon RICHARD, 24 ans, garde au 71ᵉ mobiles, mort le 26 décembre 1870, à Poitiers.

Pierre SAUTE, 23 ans, soldat au 12ᵉ de ligne, mort le 18 août 1870, a Saint-Privat.

COMMUNE DE SAINT-PRIEST-TAURION

Germain DUPOIX, 24 ans, soldat au 97ᵉ de ligne, mort à Magdebourg.

Jean VINTENAT, 21 ans, garde au 71ᵉ mobiles, mort le 9 janvier 1871, au Mans.

Pierre VINTENAT, 22 ans, garde au 71ᵉ mobiles, mort le 9 février 1871, à Laval.

COMMUNE DE RILHAC-RANCON

Léonard GROSDEPOT, 20 ans, soldat au 2ᵉ régiment d'infanterie de marine, mort le 7 janvier 1871, à Brest.

COMMUNE DE ROYÈRES

Pierre COURNIAUD, 21 ans, canonnier au 11ᵉ d'artillerie, mort le 9 octobre 1870, à Paris.

Léonard DAGUE, 21 ans, soldat au 10ᵉ de ligne, mort le 2 octobre 1870. à Metz.

Léonard FAURE, 22 ans, soldat au 113ᵉ de ligne, mort le 17 avril 1871, à Versailles.

Jean GUÉRY, 20 ans, soldat au 10ᵉ de ligne, mort le 4 décembre 1870, à Aix.

Jean MAGISTER, 29 ans, canonnier au 22ᵉ d'artillerie, mort le 3 février 1871, à Paris.

COMMUNE DE ROZIERS-SAINT-GEORGES

Martin BLANZAC, mort le 10 mai 1871, à Bordeaux.

Jacques LAGRANGE, 27 ans, soldat au 100ᵉ de ligne, mort le 15 mars 1871, à Lunéville.

Jean LEFAURE, mort le 10 mars 1871, à Arcachon.

Léonard MARSALY, 20 ans, soldat au 2ᵉ génie, mort le 25 mars 1871. à Montpellier.

COMMUNE DE SAUVIAT

Léonard BEILLOT, 28 ans, soldat au 45ᵉ de ligne, mort le 25 mars 1871. en Allemagne.

Léonard CHASSOUX, 21 ans, mort en 1871, à La Ciotat.

Guillaume COULAUD, 24 ans, soldat au 97ᵉ de ligne, mort le 16 août 1870, à Gravelotte.

André DROUILLAS, 28 ans, soldat au 10ᵉ de ligne, mort le 31 janvier 1871, à Langres.

François MARCHEIX, 22 ans, garde au 71ᵉ mobiles, mort le 6 mars 1871, à Limoges.

Louis NOUHAUD, 27 ans, mort en 1871, en Allemagne.

Léonard PELAUDEIX, 27 ans, soldat au 45ᵉ de ligne, mort le 28 mars 1871, en Allemagne.

Etienne PEYRABOUT, 25 ans, soldat au 2ᵉ corps, mort le 19 septembre 1870, à Strasbourg.

Etienne PEYRABOUT, 24 ans, soldat au 87ᵉ de ligne, mort le 3 octobre 1870, à Strasbourg.

COMMUNE DE SÉREILHAC

Martial DESCOUTIÈRAS, 21 ans, soldat au 95ᵉ de ligne, mort le 9 avril 1871, à Marseille.

François DUPUY, 24 ans, garde mobilisé, mort le 25 janvier 1871, à Limoges.

Jean GUINOT, 28 ans.

Jean PATIER, 20 ans, canonnier au 6ᵉ d'artillerie, mort le 6 novembre 1870, à Grenoble.

Léonard VERGER, 20 ans, garde mobilisé, mort le 21 janvier 1871, à Limoges.

COMMUNE DE SOLIGNAC

Pierre CHABROL, 23 ans, soldat à la 10ᵉ section d'administration, mort le 28 mars 1871.

Pierre DUGÉNY, 21 ans, garde au 71ᵉ mobiles, mort le 6 mars 1871.

Léonard FAYE, 20 ans, garde au 71ᵉ mobiles, mort le 13 mars 1871.

Léonard GRATADE, 22 ans, soldat au 15ᵉ de ligne, mort le 18 août 1870.

Jean LANDRY, 20 ans, canonnier d'artillerie de marine, mort le 16 janvier 1871.

Pierre LECADET, 23 ans, soldat au 87ᵉ de ligne, mort le 2 octobre 1870.

Jean TALLANDIER, 22 ans, soldat au 2ᵉ d'infanterie de marine, mort le 21 janvier 1871.

COMMUNE DE SUSSAC

Guillaume BASSET, 23 ans, garde au 71ᵉ mobiles, mort le 4 mars 1871 à Valençay.

Léonard BOURIQUET, 29 ans, soldat au 1ᵉʳ de ligne, mort le 3 octobre 1870, à Orléans.

Jean FAUCHER, 24 ans, garde au 71ᵉ mobiles.

Léonard LAMY.

Etienne MAZALEIGUE, 24 ans, soldat au 100ᵉ de ligne, mort le 16 août 1870, à Gravelotte.

Jacques LEBARON, 30 ans, soldat au 3ᵉ zouaves, mort le 28 janvier 1871, à Montpellier.

Jean PANTEIX, 26 ans, soldat au 100ᵉ de ligne, mort le 16 août 1870, à Gravelotte.

Jean PÉRIGAUD, 22 ans.

. Louis PONCHUT, 22 ans.

Jean SIRIEIX.

Louis VEDRENNE, garde au 71ᵉ mobiles.

Léonard VERDEYME, 26 ans.

COMMUNE DE SAINT-SYLVESTRE

ean BEAUPÈRE, 25 ans, sergent au 89ᵉ de ligne, mort le 19 octobre 1870, à Lille.

Jean BESJEAUD, 21 ans, canonnier d'artillerie de marine, mort le 12 février 1871, à Lorient.

Jean DUBREUIL, 24 ans, soldat au 52ᵉ de ligne, mort à Sedan.

COMMUNE DE SAINT-SULPICE-LAURIÈRE

Lucien DUVERGER, 22 ans, mort en janvier 1871, au Mans.

Pierre MEILLAT, 23 ans, garde au 71ᵉ mobiles, mort à Chambord.

COMMUNE DE VERNEUIL-SUR-VIENNE

Jean-Baptiste BOILEAU, 23 ans, garde au 71ᵉ mobiles, mort le 21 décembre 1870, à Orléans.

Jean BONNAT, 23 ans, garde au 71ᵉ mobiles, mort le 19 février 1871, aux Sables d'Olonne.

Pierre BRISSEAU, 20 ans, garde au 71ᵉ mobiles, mort le 12 février 1871, à Laval.

Pierre-Alexis DESVIGNES garde au 71ᵉ mobiles, mort le 6 janvier 1871, à Magdebourg.

Jean DUBIARD, 20 ans, chasseur de l'ex-garde, mort le 26 janvier 1871, à Valence.

Jean-Baptiste FOUSSAT, 25 ans, soldat au 68ᵉ de ligne, mort le 5 septembre 1870, à Beaumont.

Jean SAVARY, garde au 71ᵉ mobiles, mort le 26 novembre 1870, à Orléans.

Théophile TEILLET, 23 ans, garde au 71ᵉ mobiles, mort le 10 décembre 1870, à Orléans.

COMMUNE DE VEYRAC

Léonard BARDET, 20 ans, garde au 71ᵉ mobiles, mort le 8 janvier 1871, au Mans.

François BOUTAUD, 24 ans, soldat au 92e de ligne, mort le 28 janvier 1871, à Gray.

Jean BOUTAUD, 26 ans, soldat au 43e de ligne, mort le 21 janvier 1871, à Nebigo.

Martial BRIVE, 21 ans, garde au 71e mobiles. mort à Nantes.

Jean CHABAUD, 56 ans, garde au 71e mobiles, mort le 23 décembre 1870, à Saint-Gelais.

Pierre DUFOUR, 21 ans, canonnier au 6e d'artillerie, mort à Nantes.

Mathias HYVERNAUD, 25 ans, soldat au génie, mort le 3 septembre 1870, à Sedan.

Paul HYVERNAUD, 24 ans.

Pierre LAROUDIE, 23 ans, garde mobilisé, mort le 1er février 1871, à Châteauroux.

Pierre LÉGER, 25 ans, soldat au 25e de ligne, mort le 4 août 1871, à Paris.

Jean MAUVIGNER, 30 ans. soldat au 28e de ligne, mort le 19 janvier 1871, à Nantes.

Joseph MORELIÉRAS, 24 ans, garde au 71e mobiles, mort le 28 janvier 1871, à Laval.

François MORELIÉRAS, 20 ans, soldat au 2e génie, mort le 2 février 1871, à Oullins.

Jean SERVAUD, 26 ans, canonnier au 1er train d'artillerie, mort le 8 janvier 1871, à Montigny.

COMMUNE DU VIGEN

Léonard DEMAISON, 27 ans, soldat au 98e de ligne. mort le 18 août 1870, à Gravelotte.

Pierre DITLECADET, 23 ans, soldat au 98e de ligne.

Jean CHIROL, 21 ans, soldat au 112e de ligne, mort le 8 janvier 1871. à Paris (blessé à Ville-Evrard, le 22 décembre 1870).

Jean LANDRY, 20 ans, canonnier d'artillerie de marine, mort le 16 janvier 1871, à Alençon.

COMMUNE DE SAINT-YRIEIX-SOUS-AIXE

Cadet THEILLOUT, 26 ans, garde au 71e mobiles, mort le 31 janvier 1871, à Orléans.

ARRONDISSEMENT DE BELLAC

COMMUNE DE SAINT-AMAND-MAGNAZEIX

Jacques BRISSIAUD, 22 ans, mort en 1871, en Prusse.

Jean CHABROUX, 25 ans, soldat au 2ᵉ régiment d'infanterie de marine, mort le 24 août 1870, à Moulins.

Michel PASQUET, 27 ans, soldat au 89ᵉ de ligne, mort le 18 août 1870, à Gravelotte.

COMMUNE D'ARNAC-LA-POSTE

Pierre-Eugène FILLOUX, 22 ans, garde au 71ᵉ mobiles, mort le 25 février 1871, à Limoges.

COMMUNE D'AZAT-LE-RIS

Jean BARDOT, mort à Châteauroux.

Jean CHATENET, 25 ans, mort le 20 avril 1871, à Châteauroux.

Laurent FILLOUX, 23 ans.

Pierre LAROCHE, 27 ans, mort le 7 mars 1871, à Azat-le-Ris.

Théobald LARRAT, 26 ans, mort le 30 novembre 1870, à Bitche.

Léonard LAVERGNE, 27 ans, garde au 71ᵉ mobiles, mort le 14 février 1871, à La Flèche.

Joseph LAVOUX, 22 ans, mort le 6 mars 1871, à Limoges.

Jean MALLET, 23 ans.

Robert MARCOUX, 30 ans, mort le 30 février 1871, à Châteauroux.

Louis PINAUD, 24 ans, mort le 7 octobre 1870, a Metz.

Joseph PRUGNAUD, 25 ans, mort le 19 mars 1871, à Châtellerault.

Edgard TORTIGER, 30 ans, mort le 26 février 1871, à Azat-le-Ris.

COMMUNE DE BALLEDENT

Jean BONNET, 23 ans, soldat au 38ᵉ de ligne, mort le 30 novembre 1870.

Jean BONNET, 20 ans, soldat au 94ᵉ de ligne, mort le 19 octobre 1870, à Rennes.

Jacques MARSAUDON, 24 ans, soldat au 4ᵉ d'infanterie de marine, mort le 1ᵉʳ septembre 1870, à Bazeilles.

COMMUNE DE SAINT-BARBANT

PIERRE AUCHER, 24 ans, garde au 71ᵉ mobiles, mort le 3 décembre 1870, à Rouveray.

MAURICE COLLIN, garde au 71ᵉ mobiles. mort le 8 février, 1871, à Limoges.

ANDRÉ DAVID, 27 ans, soldat au 38ᵉ de ligne, mort le 9 février 1871, à Pontarlier.

RENÉ GERMANAUD, 20 ans, garde au 71ᵉ mobiles, mort le 29 janvier 1871, à Laval.

MICHEL MEUNIER, 21 ans, soldat au 115ᵉ de ligne, mort le 11 janvier 1871, à Bicêtre.

JEAN PAILLET, 24 ans, garde au 71ᵉ mobiles, mort le 6 janvier 1871, à Orléans.

JEAN-BAPTISTE PEINTRE, 29 ans, garde mobilisé, mort le 26 février 1871, à Limoges.

ANDRÉ TEXIER, 33 ans, garde mobilisé, mort le 5 février 1871, à Limoges.

COMMUNE DE LA BAZEUGE

LÉON DESGRANGES. 23 ans, sous-lieutenant au 71ᵉ mobiles, mort le 7 décembre 1870, à Orléans.

JEAN LAJOUX, 21 ans, garde au 71ᵉ mobiles.

COMMUNE DE BELLAC

FRANÇOIS AURIAC, 29 ans, soldat au 32ᵉ de marche. mort le 15 janvier 1871, à Nuits.

PIERRE CHAMBRE, 26 ans. soldat au 73ᵉ de ligne, mort le 21 mars 1871, à Bourgoin.

FRANÇOIS COHADON, soldat au 4ᵉ d'infanterie de marine, mort le 16 janvier 1871.

LOUIS LÉPRON, 24 ans, soldat au 36ᵉ de ligne, mort le 10 octobre 1870, à Rimagne.

COMMUNE DE BERNEUIL

LÉONARD DAVID, 21 ans.

COMMUNE DE BESSINES

JEAN DUBREUIL. 21 ans, soldat au 36ᵉ de marche, mort en mai 1871.

François EYRIGNOUX. 21 ans, garde au 71e mobiles, mort le 2 décembre 1870, à Terminiers.

COMMUNE DE BLANZAC

Gabriel RATEAU, 23 ans, garde au 71e mobiles, mort le 2 décembre 1870, a Terminiers.

COMMUNE DE BLOND

François BOYER, 21 ans, garde au 71e mobiles, mort le 26 février 1871 à Orléans.

Jean DOUMEIX, 24 ans, garde mobilisé, mort le 14 janvier 1871, à Limoges.

LADÉGAILLERIE, 23 ans, garde mobilisé, mort le 19 janvier 1871, à Limoges.

Pierre ROCHE, 22 ans, garde au 71e mobiles, mort le 24 février 1871.

COMMUNE DE SAINT-BONNET-DE-BELLAC

Antoine BONNIN, 21 ans, garde au 71e mobiles, mort le 13 février 1871 à Nancy.

Louis COLLIN, 25 ans, soldat au 16e d'infanterie, mort le 2 décembre 1870, à Artenay.

Jean PALLIER, 36 ans, soldat au 4e d'infanterie de marine, mort le 6 novembre 1870, à Tours.

COMMUNE DE BUSSIÈRE-BOFFY

Martial DAZIAT, 22 ans, garde au 71e mobiles, mort le 31 janvier 1871, à Tours.

Gilbert DUMAS, 22 ans, garde au 71e mobiles, mort le 10 février 1871, à Nantes.

Jacques MILORD, 30 ans, soldat au 25e de ligne, mort le 27 janvier 1871, à Vannes.

François PEYRELADE, 22 ans, mort en Prusse.

Jean VILLÉGER, 22 ans, garde au 71e mobiles, mort à Paris-la-Folie (blessé à Chambord).

COMMUNE DE BUSSIÈRE-POITEVINE

Jean BARBIER, 34 ans, garde mobilisé, mort le 24 février 1871, à Châteauroux.

Pierre CHAMBRE, 26 ans, soldat au 73ᵉ de ligne, mort le 21 mars 1871, à Bourgoin.

Robert COIDIER, 22 ans, conducteur au 1ᵉʳ régiment du train d'artillerie, mort le 24 avril 1871, à Paris.

Gilbert DUMAS, 22 ans, garde au 71ᵉ mobiles, mort le 10 février 1871, à Nantes.

René GERMANEAU, 21 ans, garde au 71ᵉ mobiles, mort le 29 janvier 1871, à Laval.

Maurice LABROUSSE, 22 ans, garde au 71ᵉ mobiles, mort le 10 février 1871, à La Rochelle.

Jacques MILORD, 24 ans, soldat au 25ᵉ de ligne, mort le 27 janvier 1871, à Vannes.

Maurice MORLIÈRE, 25 ans, garde au 71ᵉ mobiles, mort le 10 janvier 1871, à Limoges.

Louis PETIT, 20 ans, soldat au 10ᵉ de ligne, mort le 15 décembre 1870, à Tours.

Jean PETITPIED, 22 ans, garde au 71ᵉ mobiles, à Lumeau.

Léonard RABILLAC, 20 ans, soldat au 10ᵉ de ligne, mort le 9 décembre 1870, à Aix.

Pierre SÉGUY, 19 ans, soldat au 9ᵉ chasseurs à pied, mort le 16 février 1871, à Lure.

Simon DUMAS, 23 ans, garde au 71ᵉ mobiles, mort le 27 décembre 1870, à Limoges.

COMMUNE DE CHAMBORÊT

Pierre BLANCHET, 26 ans, garde au 71ᵉ mobiles, mort le 14 août 1871, à Versailles.

Jean CHAUME, 23 ans, garde au 71ᵉ mobiles, mort le 22 décembre 1870, à Limoges.

François IMBERT, garde au 71ᵉ mobiles, mort le 13 janvier 1871.

COMMUNE DE CHATEAUPONSAC

Maurice GAILHBAUD, 37 ans, franc-tireur, mort le 29 décembre 1871, au Mans.

Léonard GERVAIS, 22 ans, garde au 71ᵉ mobiles, mort le 26 novembre 1871, à Issoudun.

François MOREAU, 30 ans, garde mobilisé, mort le 12 mars 1871, à La Rochelle.

François PÉRICAUD, 23 ans, garde au 71ᵉ mobiles, mort le 24 avril 1871, à Pau.

COMMUNE DES GRANDS-CHÉZEAUX

Jean BERNARD, 29 ans, garde mobilisé, mort le 24 janvier 1871, à Limoges.

Jean ROSSIN, 25 ans, garde au 71ᵉ mobiles, mort le 4 février 1871, à Bar-le-Duc.

COMMUNE DE CIEUX

Jean BOURDELOIS, 25 ans, soldat au 2ᵉ de ligne, mort en Allemagne.

Jean GANDOIS, 21 ans, soldat au 10ᵉ de ligne, mort le 22 février 1871, à Salons.

Joseph GRAND, 23 ans, garde au 71ᵉ mobiles, mort le 10 janvier 1871, au Mans.

Jean MONDOT, 27 ans, soldat au 2ᵉ d'infanterie de marine, mort le 23 janvier 1871, à Brest.

Pierre TEILLIET, 22 ans, garde au 71ᵉ mobiles, mort le 10 décembre 1870.

François TEXIER, 30 ans, garde mobilisé, mort le 14 février 1871, à Châteauroux.

COMMMUNE DE COMPREIGNAC

Pierre BEAUBATIER, 40 ans, sapeur au 3ᵉ de marine, mort le 8 septembre 1870, à Rochefort.

Jean-Baptiste CHÉRAUD, 24 ans, garde au 71ᵉ mobiles, mort le 3 janvier 1871, au Mans.

Antoine GABAUD, 24 ans, garde au 71ᵉ mobiles, mort le 2 décembre 1870, à Terminiers.

COMMUNE DE LA CROIX

André GIRAUD.

Jean GUILLON, 20 ans, cavalier au 4ᵉ chasseurs, mort le 21 décembre 1871, à Tarascon.

Pierre-Antoine MASSONNAUD, 21 ans, soldat au 51ᵉ de ligne, mort le 9 octobre 1871, à Paris.

Sylvain PEYRAUD, 27 ans, soldat au 113ᵉ de ligne. mort le 19 février 1871, à Paris.

COMMUNE DE CROMAC

Jean AUMASSON, 20 ans, cavalier au 8ᵉ chasseurs, mort le 21 décembre 1870, à Tarbes.

Etienne PENOT, 21 ans, soldat au 12ᵉ de ligne, mort le 29 novembre 1870, à Paris.

COMMUNE DE DARNAC

Louis DUDOGNON, 24 ans, soldat au 7ᵉ de ligne, mort le 26 septembre 1871, à Bordy (Algérie).

Louis GABILLAUD, 22 ans, soldat au 21ᵉ de ligne, mort le 11 décembre 1870, à Lumeau.

Mathieu CHASSAT, 33 ans, garde mobilisé, mort le 5 février 1871, à Châteauroux.

Jean LABART, 29 ans, soldat au 84ᵉ de ligne, mort le 29 mars 1871, à Besançon.

COMMUNE DE DOMPIERRE

Joseph DAURIAT, 29 ans. caporal au 84ᵉ de ligne, mort le 9 mars 1871, à Gex.

Joseph LESTERPT, 24 ans, soldat au 97ᵉ de ligne, mort le 29 août 1870, a Metz.

Jean PLANCHON, 23 ans, soldat au 53ᵉ de ligne, mort le 18 février 1871, à Gap.

Guillaume ROCHER, 24 ans, soldat au 97ᵉ de ligne, mort le 16 août 1870, à Gravelotte.

Jean VILLATTE, 21 ans, garde au 71ᵉ mobiles, mort le 7 janvier 1871, à Villedemer.

COMMUNE DU DORAT

Pierre BAZIN, 21 ans, garde au 71ᵉ mobiles, mort le 24 décembre 1870, à Limoges.

Jacques BONNET, 27 ans, soldat au 38ᵉ de ligne, mort le 13 octobre 1870, à Gien.

Jacques LEDUC, 29 ans, soldat au 87ᵉ de ligne, mort le 14 septembre 1870, à Strasbourg.

Joseph FRUGIER, 26 ans, garde au 71ᵉ mobiles, mort le 9 mai 1874, au Dorat, des suites de blessures reçues en 1870.

COMMUNE DE DROUX

François MASSONNAUD, 27 ans, soldat au 3ᵉ zouaves. mort le 15 septembre 1870.

François TEXIER, 25 ans, soldat au 4ᵉ voltigeurs, mort le 30 octobre 1870.

COMMUNE DE FOLLES

Jacques COUPART, 25 ans, artilleur de la garde mobilisée, mort le 13 mars 1871, à Limoges.

François GAUDON, 22 ans.

Pierre JABELY, 24 ans, soldat d'infanterie de ligne, mort à Sedan.

Louis NAVARRE.

François ROUDIER, 23 ans, garde au 71ᵉ mobiles, mort le 26 décembre 1870, à Chartres.

Jean-Baptiste VIGNAUD, 22 ans, soldat d'infanterie de marine, mort à Sedan.

COMMUNE DE FROMENTAL

Antoine DESENFANT, 25 ans, soldat au 89ᵉ de ligne, mort le 24 septembre 1870.

Jean GROS, 22 ans, soldat au 3ᵉ zouaves.

Jean-Baptiste GUINARD, 21 ans, soldat au 91ᵉ de ligne, mort le 22 septembre 1870, à Cambrai.

COMMUNE DE GAJOUBERT

Jean BERNARDEAU, 23 ans, cavalier au 14ᵉ chasseurs, mort le 23 septembre 1870, à Metz.

COMMUNE DE SAINT-GEORGES-LES-LANDES

Antoine ROUSSIN, garde au 71ᵉ mobiles, mort le 26 décembre 1870, à Limoges.

COMMUNE DE SAINT-HILAIRE-LA-TREILLE

Jean-Baptiste ADNET, 25 ans, garde au 71ᵉ mobiles, mort le 5 décembre 1870, à Terminiers.

J.-Mathurin SAUTIER, 25 ans, garde au 71ᵉ mobiles, mort le 6 janvier 1871, à Limoges.

COMMUNE DE SAINT-JUNIEN-LES-COMBES

Pierre FAYAUD, 25 ans, soldat au 16ᵉ corps. mort le 2 décembre 1870. à Terminiers.

Léonard GRAND, 22 ans, soldat au 16ᵉ corps. mort le 11 janvier 1871, à Neisse.

COMMUNE DE SAINT-LÉGER-MAGNAZEIX

Louis BLONDET, 28 ans, garde au 71ᵉ mobiles, mort le 4 décembre 1870, à Terminiers.

Pierre DESHOMMES, 20 ans, soldat au 2ᵉ génie, mort le 30 novembre 1870, à Montpellier.

Pierre MARCHADIER, 28 ans, garde au 71ᵉ mobiles, mort en Prusse.

Philippe MOREAU, 28 ans, garde au 71ᵉ mobiles, mort le 2 décembre 1870, à Terminiers.

COMMUNE DE LUSSAC-LES-ÉGLISES

Jean CAILLAUDEAU, 22 ans, garde au 71ᵉ mobiles, mort le 24 décembre 1870.

Alexandre DESBROCHES, 22 ans, soldat à l'armée de Metz, mort le 24 décembre 1870, à Metz.

Jean DIOTOU, 23 ans, garde au 71ᵉ mobiles, mort avril 1871, à Rennes.

Louis MATHIEU, 22 ans, mort septembre 1870.

Jean-Joseph PERRIN, 22 ans, garde mobilisé, mort le 21 janvier 1871. à Limoges.

COMMUNE DE MAILHAC

Pierre CIBAUT, 22 ans, garde au 71ᵉ mobiles, mort le 2 janvier 1871. à Clermont-Ferrand.

COMMUNE DE SAINT-MARTIAL

Léonard LARAND, 20 ans, soldat au 10ᵉ de ligne, mort le 14 décembre 1870, à Tours.

Léonard PROU, 28 ans, cavalier au 2ᵉ lanciers, mort le 13 novembre 1870, à Pontivy.

François VILLESSOT, 22 ans, garde au 71ᵉ mobiles, mort le 27 janvier 1871, à Paris.

COMMUNE DE SAINT-MARTIN-LE-MAULT

Auguste FILLOUX, 24 ans, soldat au 98ᵉ de ligne, mort le 20 janvier 1871, à Franz.

COMMUNE DE MÉZIÈRES

Pierre FAURE, 29 ans, soldat au 63ᵉ de marche, mort le 7 mars 1871, à Chambéry.

Hippolyte FROMENT, soldat au 122ᵉ de ligne.

René GERMANEAU, garde au 71ᵉ mobiles.

Pierre RAYNAUD, 23 ans, garde au 71ᵉ mobiles, mort le 20 janvier 1871, à Tours.

COMMUNE DE MONTROL-SÉNARD

Léonard DUPRAT, 22 ans, soldat au 109ᵉ de ligne, mort le 26 février 1871, à Paris.

Pierre FAYAUD.

François MORICHON.

Jean PÉRAUL, 23 ans, garde au 71ᵉ mobiles, mort le 7 mars 1871, à Rochefort.

Jean PUYGRENIER, garde au 71ᵉ mobiles, mort le 10 avril 1871, à Lumeau.

Jacques PUYGRENIER.

Jean VILLÉGER.

COMMUNE DE MORTEMART

Antoine TOURNOIS, 26 ans, sergent, mort le 29 décembre 1870, à Paris.

COMMUNE DE MORTEROLLES

Jacques BLANCHORT, 27 ans, soldat au 3ᵉ d'infanterie de marine, mort le 11 février 1871, à Schwerin.

Louis DUBREUIL, 23 ans.

COMMUNE DE NANTIAT

Jean CHARPENTIER, 22 ans, garde au 71ᵉ mobiles, mort le 30 janvier 1871, à Meslay.

François GRASSET, 25 ans, soldat au 95ᵉ de ligne, mort le 15 septembre 1870.

Jean LAMANT, 20 ans, soldat au 2ᵉ génie, mort le 17 décembre 1870, à Montpellier.

Jean TROUBAT, 24 ans, garde au 71ᵉ mobiles, mort le 15 janvier 1871, à Chenu.

COMMUNE DE NOUIC

Mathieu COURTOIS, 22 ans, soldat au 3ᵉ d'infanterie de marine, mort le 23 février 1871, à Rochefort.

Jean FAUBERT, 33 ans, garde mobilisé, mort le 21 janvier 1871, à La Souterraine.

François VILLÉGIER, 20 ans, soldat au 10ᵉ de ligne, mort le 20 décembre 1870, à Nouic.

COMMUNE D'ORADOUR-SAINT-GENEST

Victor BOUCHARDY, 22 ans.

Jean BOUCQUET, 24 ans, mort à Paris.

Jean-Baptiste CHATENET, 20 ans, mort le 26 janvier 1871, à Aix.

Nicolas CHAUME, 20 ans.

Louis DESFORGES, 24 ans, soldat au 4ᵉ d'infanterie de marine, mort le 21 novembre 1870, à Toulon.

Jean GAINANT, 22 ans, garde au 71ᵉ mobiles, mort le 5 janvier 1871, à Limoges.

Louis GENESTEIX, 26 ans, garde au 71ᵉ mobiles, mort au Mans.

Antoine GIRAUD, 21 ans, cavalier au 9ᵉ dragons, mort le 3 novembre 1870, à Poitiers.

Jean LAVOUX, 25 ans, garde au 71ᵉ mobiles, mort le 30 novembre 1870, à Ingré.

Paul MINAULT, 20 ans, caporal au 22ᵉ de ligne, mort à Narbonne.

Jean-Baptiste-Léonard POMMIER, 26 ans, soldat au 95ᵉ de ligne, mort le 18 août 1870, à Saint-Privat.

Joseph REYNAUD, 20 ans, cavalier au 5ᵉ dragons, mort le 13 août 1871, à Angers.

COMMUNE DE SAINT-OUEN

Jean BARITAUD, 24 ans, garde au 71ᵉ mobiles, mort le 13 janvier 1871, à Limoges.

11

François DOURSOUT, 20 ans, soldat au 28e de ligne, mort le 12 novembre 1870, à Nantes.

Jean PRUGNAUD, 27 ans, canonnier au 18e d'artillerie, mort le 26 décembre 1870, à Mayence.

Joseph PRUGNAUD, 25 ans, garde au 71e mobiles, mort le 19 mars 1871, à Châtellerault.

COMMUNE DE SAINT-PARDOUX

François BOURINDELOUP, 30 ans, mort à Gravelotte.

François NOUSSAT, soldat au 113e de ligne, mort le 22 mai 1871, à Paris.

Jean GADONNET, soldat au 70e de marche, mort le 8 février 1871, à Argentan.

COMMUNE DE PEYRAT-DE-BELLAC

Pierre BLANCHET, 25 ans, soldat au 16e corps, mort le 14 août 1871, à Versailles.

Claude BLANCHET, 21 ans, conducteur au 2e train d'artillerie, mort le 6 octobre 1871.

Paul GUÉNANT, 21 ans, mort en mars 1871, à Munich.

Pierre RIVAUD, 22 ans, soldat au 16e corps, mort le 2 décembre 1870, à Terminiers.

COMMUNE DE SAINT-PRIEST-LE-BETOUX

Joseph JAMMET, 25 ans, soldat au 89e de ligne.

COMMUNE DE RANCON

Jean DELAGE, 21 ans, garde au 71e mobiles, mort le 2 décembre 1870, à Terminiers.

Théodore DUBRAC, 24 ans, sergent-major au 68e de ligne, mort le 30 août 1870, à Beaumont.

Pierre FAYAUD, 24 ans, garde au 71e mobiles, mort le 2 décembre 1870, à Terminiers.

Léon GERVAIS, 23 ans, garde au 71e mobiles, mort le 26 novembre 1870, à Issoudun.

Mrthurin LAPLAUD, 50 ans, sergent au 66e de ligne, mort le 24 novembre 1870, à Privas.

Pierre LÉPINE, 20 ans, soldat au 28e de ligne, mort le 11 janvier 1871, à Laigné.

François PASQUET, 21 ans, garde au 71ᵉ mobiles, mort le 2 décembre 1870, à Terminiers.

COMMUNE DE RAZÈS

Pierre MARCHANDON, 20 ans, soldat au 28ᵉ de ligne, mort le 4 juillet 1871, à Paris.

Pierre MOREAU, 22 ans, soldat au 14ᵉ chasseurs à pied, mort en 1870, à Sarrebruck.

Jean JALOUX, 22 ans, soldat au 47ᵉ de ligne, mort le 29 novembre 1870, à Sedan.

Antoine TEXIER, 22 ans, garde au 71ᵉ mobiles, mort le 22 décembre 1870, à Néris.

COMMUNE DE ROUSSAC

Léonard BOURET, 21 ans.

Martial BOUTAUD, 21 ans.

Jean RIFFAUD, 32 ans, cavalier au 15ᵉ chasseurs, mort le 19 juillet 1871, à Ivry.

COMMUNE DE SAINT-SORNIN-LEULAC

Amand CHAUMET.

François PASQUET, mort en 1870.

COMMUNE DE SAINT-SORNIN-LA-MARCHE

Pierre ANDIVET, 22 ans, garde au 71ᵉ mobiles mort le 2 décembre 1870, à Lumeau.

Léonard FRONT, 28 ans, cavalier au 1ᵉʳ lanciers, mort le 14 novembre 1870, à Pontivy.

Mathieu JOLY, 21 ans, cavalier au 12ᵉ chasseurs, mort le 18 janvier 1871 à Clermont-Ferrand.

André TIXIER, 33 ans, garde mobilisé, mort le 5 février 1871, à Limoges.

COMMUNE DE SAINT-SULPICE-LES-FEUILLES

Sylvain CARRET, 23 ans, garde au 71ᵉ mobiles, mort le 2 février 1871, à La Flèche.

Etienne FRADET, 21 ans,

Jean-Baptiste MAILLET, 32 ans, infirmier, mort le 5 janvier 1871, a Nice.

COMMUNE DE SAINT-SYMPHORIEN

Mathurin NICOLLE, 23 ans, soldat au 50ᵉ de ligne, mort le 19 mai 1871, à Besançon.

COMMUNE DE TERSANNES

François-Marie MAREUIL, 23 ans, garde au 71ᵉ mobiles, mort le 24 février 1871, a Brest.

COMMUNE DE THIAT

Sylvain DEVAUD, 23 ans, garde au 71ᵉ mobiles, mort le 19 mars 1871, à Bordeaux.
Pierre NAUDON, 21 ans, soldat au 89ᵉ de ligne, mort le 4 septembre 1870, à Sedan.

COMMUNE DE THOURON

Léonard JOUHANNAUD, 24 ans, garde au 71ᵉ mobiles, mort le 29 décembre 1870, à Limoges.
Jean-Martial RIFFAUD, 20 ans, chasseur de l'ex-garde, mort le 2 mars 1871, à Valence.

COMMUNE DE VAULRY

François BOUYAT, 21 ans, soldat au 3ᵉ génie, mort le 22 mai 1871, à Paris.
Maurice BRUN, 21 ans, soldat au 10ᵉ de ligne, mort le 9 février 1871, à Aix.
Pierre-Junien COMPAIN, 35 ans, garde au 71ᵉ mobiles, mort le 5 mars 1871, à Vaulry.
François FOURGEAUD, 25 ans, garde au 71ᵉ mobiles, mort le 9 janvier 1871, à Limoges.
Léonard GRAVELAT, 39 ans, garde mobilisé, mort le 20 janvier 1871, à Limoges.
Jean PATRY, 22 ans, garde au 71ᵉ mobiles, mort le 13 janvier 1871, à Tours.
Jean SOUCHET, 26 ans, soldat au 126ᵉ de marche, mort le 16 octobre 1870, à Bourg.

François VAUDOUX, 37 ans, garde au 71ᵉ mobiles, mort le 30 janvier 1871, à Limoges.

COMMUNE DE VERNEUIL-MOUSTIERS

Joseph GALLET, 24 ans, soldat au 97ᵉ de ligne, mort à Metz.

François GIRAUT, soldat au 58ᵉ de ligne, mort le 23 janvier 1871, à Pau.

Maurice LAGRANGE, 30 ans, soldat au 84ᵉ de ligne, mort le 1ᵉʳ avril 1871, à Grenoble.

François LAGRANGE, 23 ans, cavalier au 3ᵉ escadron du train, mort le 16 janvier 1871, à Posen.

COMMUNE DE VILLEFAVARD

Pierre MAROT, 26 ans, mort le 2 janvier 1871.

Pierre PÉRICAUD, 26 ans, soldat au 5ᵉ corps, mort le 2 septembre 1870.

ARRONDISSEMENT DE ROCHECHOUART

COMMUNE DE SAINT-AUVENT

Jean BOULESTEIX, 23 ans, soldat au 87ᵉ de ligne, mort le 11 septembre 1870, à Strasbourg.

Jean CHABODIE, 32 ans, cavalier au 10ᵉ dragons, mort le 15 février 1871, à Auch.

Martial DECOUTY, 21 ans.

Jean GRENET, 20 ans, soldat au 28ᵉ de ligne, mort le 3 décembre 1870, à Nantes.

Martial LACOTE, 21 ans, garde au 71ᵉ mobiles, mort le 18 janvier 1870, au Mans.

François LEGER, 22 ans, soldat au 87ᵉ de ligne, mort le 9 avril 1871, à Cassel.

François LÉVÊQUE, 22 ans, soldat au 87ᵉ de ligne, mort le 22 septembre 1870, à Strasbourg.

COMMUNE DE SAINT-BAZILE

Jacques LÉVÊQUE, 20 ans, soldat au 28ᵉ de ligne, mort le 29 décembre 1870, à Nantes.

Léonard MANNAT.

COMMUNE DE CHAILLAC

Simon AUTHIER, garde mobilisé, mort le 21 février 1871, à Villedieu.

Simon BOULESTEIX, 24 ans, légionnaire d'artillerie, mort le 28 décembre 1870, à Lyon.

Jean CHABEAUDIE, 20 ans, garde mobilisé, mort à Issoudun.

COMMUNE DE CHAMPAGNAC

Georges BARRET, 21 ans, garde au 71ᵉ mobiles, mort le 27 janvier 1871, au Mans.

Félix GIRY, 22 ans, soldat au 4ᵉ de ligne, mort le 3 février 1871, à Besançon.

Martial MARTIAL, 22 ans, garde mobilisé, mort le 16 février 1871, à Limoges.

Léonard RATINAUD, 22 ans, garde au 71ᵉ mobiles, mort le 14 janvier 1871, à Châtellerault.

Simon RICHARD, 24 ans, garde au 71ᵉ mobiles, mort le 26 décembre 1870, à Poitiers.

Jean SALÉ, 29 ans, cavalier au 5ᵉ dragons, mort le 26 novembre 1870, a Nevers.

Martial VOISIN, 29 ans, soldat au 53ᵉ de ligne, mort le 6 novembre 1870, au Puy.

Pierre LAURENT, 29 ans, garde mobilisé mort le 2 mars 1870, à Limoges.

COMMUNE DE CHAMPSAC

Pierre CHAMBINAUD, 29 ans, garde mobilisé, mort en février 1871, à Limoges.

Martial DENAILHAC, 27 ans, garde au 71ᵉ mobiles, mort à Villedieu.

Pierre-Alfred NICOLAS, 22 ans, garde au 71ᵉ mobiles, mort le 13 janvier 1871, à Château-Renault.

Jean THEVENOT, 24 ans, mort à Sedan.

COMMUNE DE CHÉRONNAC

Jean BESSE, 20 ans, soldat au 28ᵉ de ligne, mort à Massé.

Jean ROSSIN, 25 ans, garde au 71ᵉ mobiles, mort le 4 février 1871, à Bar-le-Duc.

François MANDON, 21 ans, garde au 71ᵉ mobiles, mort le 24 janvier 1871, à Limoges.

COMMUNE DE COGNAC

Martin BERNARD, 30 ans, soldat au 51ᵉ de ligne, mort le 15 octobre 1870, à Paris.

Pierre FAURE, 35 ans, soldat au 8ᵉ de ligne, mort le 9 février 1871, à Périgueux.

Léonard LAFOSSAS, 28 ans, garde mobilisé, mort le 17 janvier 1871, à Limoges.

Léonard LAURENÇON, 31 ans, soldat au 1ᵉʳ d'infanterie de marine, mort le 21 novembre 1870, à Bretoncelles.

Jean MONTIBUS, 24 ans, garde au 71ᵉ mobiles, mort le 22 janvier 1871, à Tours.

Jean RAYNAUD, 25 ans, soldat au 15ᵉ de ligne, mort le 13 mars 1871, à Virendoy.

Martial TABARAUD, 23 ans, soldat au 14ᵉ bataillon de chasseurs à pied, mort le 30 juin 1871, à Gross-Glogau.

COMMUNE DE SAINT-CYR

Jean BONNAT, 24 ans, soldat au 15ᵉ de ligne, mort le 16 août 1870, à Gravelotte.

Jacques BOUBY, 25 ans, garde mobilisé, mort le 18 février 1871, à Villedieu.

Jean CHABAUD, 25 ans, soldat au 19ᵉ de ligne, mort le 6 août 1870, à Saint-Privat.

Pierre CHABEAUD, 26 ans, soldat au 28ᵉ de ligne, mort le 11 décembre 1870, à Nantes.

Marcllin CHARPENTIER, 23 ans, garde au 71ᵉ mobiles, mort le 27 janvier 1871, à Villedieu.

Léonard DELHOUME, 22 ans, soldat au 39ᵉ de ligne, mort le 21 août 1870, à Sedan.

Joseph LEBOUTET, 21 ans, soldat au 121ᵉ de ligne, mort le 14 juillet 1870, à Nantes.

Léonard MANDON, 21 ans, soldat au 121ᵉ de ligne, mort le 27 juillet 1870, à Nantes.

Jacques MOREAU, 35 ans, garde mobilisé, mort le 25 décembre 1870, à Limoges.

Laurent PÉRICHON, 26 ans, cavalier au 1er du train, mort le 20 mars 1871, à Neisse.

Léonard RATINAUD, 23 ans, garde au 71e mobiles, mort le 14 janvier 1871, à Châtellerault.

Julien VÉZI, 24 ans, soldat au 50e de ligne, mort le 30 août 1870, à Sedan.

COMMUNE DE LA CHAPELLE-MONTBRANDEIX

Martial AYMARD, 28 ans, garde mobilisé, mort le 13 mars 1871, à Limoges.

COMMUNE DE CUSSAC

Jean ANDRÉ, 21 ans, garde au 71e mobiles, mort le 16 janvier 1871, au Mans.

Jean ANDRIEUX.

André BESSE, 20 ans, garde au 71e mobiles, mort le 18 janvier 1871, à Neuillé.

Jean FILLEUL, 27 ans, soldat au 114e de ligne, mort le 29 janvier 1871, à Paris.

Pierre FRADOL, 24 ans, garde au 71e mobiles, mort le 17 décembre 1870, à Angers.

Jean FREDON, 20 ans, soldat au 28e de ligne, mort le 28 janvier 1871, à Nantes.

Jean GOURINCHAS, 21 ans, soldat au 89e de ligne, mort le 29 août 1870, à Draguignan.

Pierre GOURSAUD, 23 ans, soldat au 53e de ligne, mort le 19 septembre 1870.

Michel MANAT, 29 ans, soldat au 65e de ligne, mort le 16 décembre 1870, à Duseldorf.

Léonard MERLE, 22 ans, soldat au 34e de marche, mort le 20 mai 1871, à Buren.

François MORANGE, garde mobilisé, mort à Villedieu.

COMMUNE DE DOURNAZAC

Guillaume BOUCHAUD, 25 ans, garde mobilisé, mort le 26 janvier 1871, à Limoges.

Louis CHATENET, 30 ans, soldat au 45e bataillon de la garde nationale, mort le 28 janvier 1871, à Montretout, près Paris.

PAUL GIRY, 23 ans, soldat au 100ᵉ de ligne, mort le 13 janvier 1871, à Bordeaux.

Louis LAPOUMÉROULIE, 21 ans, garde au 71ᵉ mobiles, mort le 12 février 1871, au Mans.

COMMUNE DE GORRE

FRANÇOIS GÉRARD, 22 ans, garde mobilisé, mort le 6 février 1871, à Châteauroux.

JACQUES PERRIER, soldat d'infanterie, mort en Prusse.

PIERRE VOISIN, 26 ans, soldat au 65ᵉ de ligne, mort en Silésie.

COMMUNE DE JAVERDAT

JEAN BOS, 20 ans, soldat au 28ᵉ de ligne, mort le 2 janvier 1871, à Nantes.

MARTIAL CHAZEAUX, 29 ans, soldat au 3ᵉ de marine, mort le 27 novembre 1870, à Rochefort.

ROUFFANCHE, 29 ans, garde mobilisé, mort le 7 mars 1871, à Limoges.

JEAN SOUCHET, 27 ans, soldat au 98ᵉ de ligne, mort octobre 1870, à Jurganville.

MARTIAL TEXIER, 34 ans, garde au 71ᵉ mobiles, mort le 10 février 1871, à Limoges.

COMMUNE DE SAINT-JUNIEN

FRANÇOIS CLAVEAUX, soldat au 43ᵉ de marche, mort le 12 novembre 1870, à Moulins.

P.-A.-JUSTIN DEFFUAS, 55 ans, capitaine d'infanterie, mort le 6 février 1871, à Paris.

PAUL MAZORIE, 23 ans, garde au 71ᵉ mobiles, mort le 2 décembre 1870, à Loigny.

MOUNIER, garde au 71ᵉ mobiles, mort le 2 décembre 1870, à Chambord,

PIERRE-THÉOPHILE-ARSÈNE TEILLET, 22 ans, caporal au 71ᵉ mobiles, mort le 4 décembre 1870, à Orléans.

COMMUNE DE SAINT-LAURENT-SUR-GORRE

LÉONARD BERNARD, 23 ans, mort le 25 décembre 1871.

PIERRE CHAINE, 23 ans, soldat au 17ᵉ corps, mort le 10 novembre 1871, à Toulouse.

Pierre DELHOMÉNIE, 20 ans, soldat au 11ᵉ corps, mort le 20 décembre 1871, à Nantes.

Simon LACOTTE, 30 ans, mort le 3 février 1871, à Saint-Laurent.

Georges MICHELON, 22 ans, garde au 71ᵉ mobiles, mort le 14 janvier 1871, au Mans.

Léonard MORANGE, garde mobilisé, mort le 4 mars 1871.

Léonard VACHERIE, 20 ans, soldat au 28ᵉ de ligne, mort le 10 décembre 1870, à Nantes.

François VERGNENÈGRE, 22 ans, soldat au 87ᵉ de ligne, mort le 13 septembre 1870, à Strasbourg.

COMMUNE DE MAISONNAIS

François BESSON, 25 ans, soldat au 29ᵉ de ligne, mort le 3 novembre 1870.

Jean DELAGE, 24 ans, soldat au 15ᵉ de ligne, mort le 22 novembre 1870, à Wesel.

Léonard DESPORT, 32 ans, garde au 71ᵉ mobiles, mort le 12 février 1871, à Villedieu.

Guillaume FROMENTIN, 31 ans, garde mobilisé, mort le 17 février 1871, à Limoges.

Jean GAILLARD, 33 ans, garde mobilisé, mort le 15 janvier 1871, à Limoges.

Léonard GAUTHIER, 21 ans, soldat au 94ᵉ de ligne, mort le 30 novembre 1871, à Suresnes.

Jean MEURGET, 25 ans, garde au 71ᵉ mobiles, mort le 16 février 1871, à Laval.

Pierre MOREAU, 24 ans, mort le 16 janvier 1871, à Paris.

Martial VIMPÈRE, 32 ans, garde mobilisé, mort le 17 janvier 1871, à Limoges.

COMMUNE DE MILHAGUET

Etienne BOUCHERON, 23 ans, soldat au 19ᵉ de ligne, mort le 16 juin 1871, à Besançon.

Jules-Léonard LAVIGNE, 28 ans, soldat au 114ᵉ de ligne, mort le 23 décembre 1870, à Paris.

COMMUNE DE MARVAL

André DESSIMOULIE, 21 ans, soldat au 29ᵉ de ligne, mort le 11 juin 1870, à l'Isle-Chambrière.

Pierre RÉGEASSE, 26 ans, garde mobilisé, mort le 25 février 1871.

Pierre RUCHAUD, 24 ans, garde au 71ᵉ mobiles, mort le 28 octobre 1871, à Orléans.

COMMUNE DE SAINTE-MARIE-DE-VAUX

Jean MARTIN, 27 ans, soldat au 87ᵉ de ligne, mort le 17 décembre 1870, à Ménars-le-Château.

Jean TABARAUD, 19 ans, soldat au 12ᵉ de ligne, mort à Riom.

COMMUNE DE SAINT-MATHIEU

Pierre AUPETIT, 22 ans, soldat au 42ᵉ de ligne, mort le 27 mai 1871, à Versailles.

Jean BOUCHERON, 25 ans, garde mobilisé, mort le 16 février 1871, à Villedieu.

Léonard DAUTRIAT, 28 ans, soldat à la 2ᵉ compagnie de voltigeurs, mort le 9 janvier 1871, à Chahaignes.

Jean DELOUTRE, 25 ans, soldat au 15ᵉ de ligne, mort le 4 décembre 1870, à Trèves (Allemagne).

Jean LACOUR, 21 ans, soldat au 14ᵉ de ligne, mort le 8 octobre 1870, à Paris.

Louis LÉONARD, 23 ans, garde mobilisé, mort le 19 février 1871.

Jean MARCILLAUD, 23 ans, garde au 71ᵉ mobiles, mort le 12 décembre 1870, à Orléans.

COMMUNE D'ORADOUR-SUR-GLANE

Jean BREDIER, 32 ans, garde mobilisé, mort le 18 janvier 1871, à Limoges.

CHALEIX, garde mobilisé, mort le 31 janvier 1871, à Villedieu.

François DEBESSE, 22 ans, conducteur au 2ᵉ train d'artillerie, mort le 23 janvier 1871, à Poitiers.

Jean DEGLANE, 26 ans, garde mobilisé, mort le 22 janvier 1871, à Châteauroux.

Jacques HUGUET, 23 ans, garde au 71ᵉ mobiles, mort le 26 novembre 1870, à Orléans.

Pierre MARINGOT, 32 ans, soldat au 139ᵉ de ligne, mort le 31 janvier 1871, à Paris.

Joseph MENUT, 21 ans, garde au 71ᵉ mobiles, mort le 11 novembre 1870, à Issoudun.

François MÉRIGOT, 22 ans, soldat au 87e de ligne, mort le 22 septembre 1870, à Strasbourg.

Martial ROBY, 22 ans, garde au 71e mobiles, mort le 15 décembre 1870, à Limoges.

Jean SAVIT, 23 ans, soldat au 16e de ligne, mort le 29 mai 1871.

Jean SUDRAUD, soldat au 19e de ligne.

COMMUNE D'ORADOUR-SUR-VAYRES

Jean ANDRIEUX, 29 ans, soldat au 1er de ligne, mort le 2 décembre 1870, à Neuville-aux-Bois.

François BESSE, mort le 22 septembre 1870.

Louis BONNAUD, garde au 71e mobiles, mort le 10 janvier 1871, à Limoges.

François FAURE, 22 ans, garde au 71e mobiles, mort le 2 décembre 1870, à Terminiers.

Martial GAILLOT, 27 ans, soldat au 100e de ligne, mort le 3 décembre 1870, à Nevers.

Jean HUGONNAUD, 24 ans, garde au 71e mobiles, mort le 2 décembre à Terminiers.

Pierre SOULAT, 20 ans, soldat au 28e de ligne, mort le 9 janvier 1871.

Jean TRICARD, 27 ans, garde au 71e mobiles, mort le 3 février 1871.

COMMUNE DE ROCHECHOUART

Joseph BORDES, 22 ans, soldat au 36e de marche, mort le 16 juin 1871, à Paris.

Emery BOULESTEIX, 22 ans, cavalier au 3e escadron du train, mort le 20 octobre 1870, à Metz.

Jean BOULESTEIX, 27 ans, soldat au 100e de ligne, mort le 25 février 1871, à Magdebourg.

Jacques CHAPUT, 20 ans, garde au 71e mobiles, mort le 9 mars 1871, à Poitiers.

Jean COLDEBOEUF, 24 ans, soldat au 43e de ligne, mort le 18 août 1870, à Amanvillers.

Martial DECOUTY, 24 ans, soldat au 43e de ligne, mort le 23 août 1870, à Coislin.

Jean DELAGE, 22 ans, soldat au 7e de ligne, mort le 1er septembre 1870, à Sedan.

Moïse FOURGEAUD, 38 ans, soldat au 115e de ligne, mort le 5 mars 1871, à Paris.

Pierre GOURSAUD, 23 ans, soldat au 47ᵉ de ligne, mort le 3 septembre 1870, à Berlin.

Pierre LASVERGNAS, 23 ans, garde au 71ᵉ mobiles, mort le 2 décembre 1870, à Terminiers.

Jean LÈZE, 22 ans, soldat au 87ᵉ de ligne, mort le 23 août 1870, à Strasbourg.

Louis MICHEL, 23 ans, garde au 71ᵉ mobiles, mort le 8 février 1871, à Limoges.

Jean PÉNICHOU, 21 ans, soldat au 115ᵉ de ligne, mort le 9 janvier 1871, à Paris.

Emile RICHARD, 21 ans, sous-lieutenant au 14ᵉ de ligne, mort le 5 février 1871, à La Flèche.

Michel ROCHE, 26 ans, cavalier au 14ᵉ chasseurs, mort le 21 juillet 1871, à Strasbourg.

Martial SOURY, 20 ans, soldat au 9ᵉ bataillon de chasseurs, mort le 1ᵉʳ février 1871, à Grenoble.

François VERGER, 25 ans, soldat à l'Armée de la Loire, mort le 17 décembre 1870,

COMMUNE DES SALLES-LAVAUGUYON

Guillaume FREDON, 22 ans, 1ᵉʳ lég. garde nationale, mort le 18 février 1871, à Montebourg.

Pierre MONTAUD, 22 ans, soldat au 87ᵉ de ligne, mort le 22 septembre, 1870, à Strasbourg.

Guillaume MOUVEROUX, 22 ans, garde au 71ᵉ mobiles, mort le 31 janvier 1871, à Rennes.

COMMUNE DE VAYRES

Pierre BOULESTEIX, 22 ans, garde au 71ᵉ mobiles, mort le 28 janvier 1871, à Limoges.

Jacques BOULESTEIX, 21 ans, soldat d'infanterie de marine, mort le 25 février 1871, à Angoulême.

Guillaume CHÈNE, 28 ans, soldat au 126ᵉ de ligne, mort le 4 février 1871, à Paris.

Jacques DANÈDE, 21 ans, sapeur au génie, mort le 5 mars 1871, à Arras.

Charles DUQUEYROIX, 40 ans, soldat au 12ᵉ de ligne, mort le 14 novembre 1870, à Riom.

Jean DUQUEYROIX, 25 ans, garde au 71ᵉ mobiles, mort le 20 janvier 1871, à Vayres.

Louis GRASSET, 21 ans, garde au 71ᵉ mobiles, mort le 28 décembre 1871, à Nantes.

Julien LÉONARD, 24 ans, soldat au 46ᵉ de ligne, mort le 19 mars 1871, à Arcachon.

Martial MANDON, 23 ans, soldat au 117ᵉ de ligne, mort le 29 janvier 1871, à Paris.

Léonard RÉJASSE, 21 ans, garde au 71ᵉ mobiles, mort le 28 décembre 1870, à Limoges.

Jean RIGAUD, 21 ans, soldat au 28ᵉ de ligne, mort le 11 janvier 1871, à Nantes.

COMMUNE DE SAINT-VICTURNIEN

Pierre JAVELAUD, 28 ans, mort le 8 octobre 1870, à Paris.

ARRONDISSEMENT DE SAINT-YRIEIX

COMMUNE DE BUSSIÈRE-GALANT

Jean CHARBONNIER, 20 ans, soldat au 25ᵉ de ligne, mort le 15 janvier, 1871, à Vannes.

Bernard COUDERT, 22 ans, mort en 1870.

Jean DAURIAT, 22 ans, soldat au 87ᵉ de ligne, mort le 4 août 1870, à Strasbourg.

Pierre GAYOT, 28 ans, cavalier du train des équipages, mort le 3 nobre 1870.

Etienne GROSPAS, 25 ans, garde au 71ᵉ mobiles, mort le 21 janvier 1871, à La Flèche.

Léonard LABREGÈRE, 23 ans, garde au 71ᵉ mobiles, mort le 29 décembre 1870.

Jean MARCEAU, 30 ans, garde mobilisé, mort le 24 janvier 1871.

Martial NICOLAS, 25 ans, garde au 71ᵉ mobiles, mort le 4 février 1871.

François ROCHETTE, 21 ans, soldat au 10ᵉ de ligne mort le 17 avril 1871.

Pierre SUFFRANT, 22 ans, soldat au 61ᵉ de ligne, mort le 28 février 1871, à Besançon.

Louis TROUBLAT, 29 ans, soldat au 25e de ligne, mort le 4 février 1871, à Vannes.

COMMUNE DES CARS

Jean BORDAS, 29 ans, garde mobilisé, mort en 1870, à Limoges.

Bernard CHAZELAS, 22 ans, soldat au 87e de ligne, mort le 3 décembre 1870, à Montpellier.

Léonard DEFAYE, 29 ans, mort en 1870, à Metz.

Pierre LABREGÈRE, 25 ans, garde mobilisé, mort en 1870, à Châteauroux.

Jean THOMAS, 24 ans, garde mobilisé, mort en 1870, à La Souterraine.

François VIGNOLLE, 23 ans, garde au 71e mobiles, mort le 16 novembre 1870, à Châteauroux.

COMMUNE DU CHALARD

Jean ADAM, 25 ans, soldat au 89e de ligne.

Pierre BALLOUT, 26 ans, soldat au 91e de ligne.

COMMUNE DE CHALUS

Jean ASTIER, 21 ans, soldat au 30e de marche, mort le 1er décembre 1870, à Orléans.

Jean LAMOUREUX, 22 ans, soldat au 47e de ligne, mort le 30 mars 1871, à Chambéry.

Petit AUBIN, 21 ans, cavalier au 9e cuirassiers, mort le 14 janvier 1871, à Limoges.

COMMUNE DE CHATEAU-CHERVIX

Pierre CHÈZE, garde mobilisé.

Léonard VERGNE, 23 ans, canonnier de l'artillerie de la garde mobilisée, mort le 19 janvier 1871, à Limoges

COMMUNE DE COUSSAC-BONNEVAL

Antoine BAZUEL, 20 ans, garde mobilisé, mort le 9 janvier 1871, à Saint-Laurent-en-Gatines.

Léonard FOUETILLON, 20 ans, garde mobilisé, mort le 21 janvier 1871, à Châteauroux.

Jean GIRAUD, cavalier au 4e chasseurs, mort le 9 août 1870, à Tarascon.

FRANÇOIS LACORRE, 22 ans. soldat au 10ᵉ de ligne, mort le 4 janvier 1871, à Bourbonne.

JEAN LAMONERIE, 31 ans, canonnier au 19ᵉ d'artillerie. mort le 17 octobre 1870, à Valence.

JEAN MERCIER, 28 ans, garde au 71ᵉ mobiles, mort le 10 janvier 1871, à Limoges,

FRANÇOIS MONTASTIER, 20 ans, soldat au 10ᵉ de ligne, mort le 21 novembre 1870, à Aix.

LOUIS NOUHAUD, 23 ans, soldat au 30ᵉ de marche, mort le 14 février 1871, à Besançon.

BERNARD RESTIER, 24 ans, soldat au 5ᵉ de ligne, mort le 22 octobre 1870, à Toulon.

COMMUNE DE FLAVIGNAC

JEAN BEYRAND, 25 ans.

JEAN BONNET, 21 ans, soldat au 112ᵉ de ligne, mort le 26 mars 1871, à Limoges.

LÉONARD BUISSON, 21 ans, mort le 7 juin 1871, à Paris.

MARTIAL CHAZELAS, 25 ans, garde au 71ᵉ mobiles, mort le 29 janvier 1871, à Flavignac.

MARTIAL VILLOUTREIX, 21 ans, canonnier au 6ᵉ d'artillerie. mort le 6 janvier 1871, à Rioz.

COMMUNE DE SAINT-GERMAIN-LES-BELLES

LÉONARD CÉLÉRIER, garde au 71ᵉ mobiles, mort le 12 janvier 1871, au Mans.

LÉONARD CHADEFAUD, 26 ans, garde mobilisé. mort le 16 janvier 1871, à Saint-Germain.

LÉONARD DEVAUT, 23 ans, soldat au 136ᵉ de ligne, mort le 25 janvier 1871, à Paris.

JEAN FRANCILLON, 28 ans, cavalier au 12ᵉ chasseurs, mort le 3 novembre 1870, à Clermont-Ferrand.

LOUIS GAUMONDY, caporal au 95ᵉ de ligne, mort le 29 décembre 1870. à Brie-Comte-Robert.

PIERRE LAFOND, soldat au 2ᵉ d'infanterie de marine, mort le 24 mai 1871, à Paris.

PIERRE MAURY, 19 ans, soldat au 89ᵉ de ligne, mort le 1ᵉʳ octobre 1870. à Draguignan.

LÉONARD MOURET, 29 ans, soldat au 10ᵉ de ligne. mort le 31 janvier 1871, à Langres.

PIERRE QUEYROUX, soldat au 2ᵉ d'infanterie de marine, mort le 24 mai 1871, à Asnières.

COMMUNE DE GLANGES

LÉONARD CHATARD, 26 ans, garde au 71ᵉ mobiles.

LOUIS DUMONT, 25 ans, garde au 71ᵉ mobiles.

LÉONARD LAGRANGE, 24 ans, mort à Gravelotte.

LÉONARD TEXIER, 25 ans, garde au 71ᵉ mobiles.

COMMUNE DE SAINT-HILAIRE-LASTOURS

PIERRE BOUCHERON, 26 ans, soldat au 14ᵉ bataillon de chasseurs à pied, mort le 12 octobre 1870, à Valenciennes.

AIGNAN REBEYROL, 24 ans, soldat au 68ᵉ de ligne, mort le 3 octobre 1870, à Lunéville.

COMMUNE DE JANAILHAC

JEAN COUHANNEAUD, garde mobilisé, mort le 12 mars 1871.

MARTIAL PIÉDENUS, 27 ans, soldat au 65ᵉ de ligne, mort en 1871.

JOSEPH RAYNAUD, 27 ans, soldat au 65ᵉ de ligne, mort le 23 août 1870

COMMUNE DE LADIGNAC

JEAN BONNET, 26 ans, soldat au 100ᵉ de ligne, mort le 21 janvier 1871, à Spandau.

GEORGES CÉLÉRIER, 30 ans, garde mobilisé, mort le 3 mars 1871, à Châteauroux.

LOUIS CÉLÉRIER, 25 ans, garde au 71ᵉ mobiles, mort le 11 décembre 1870, à Orléans.

JEAN DESCHAMPS, 27 ans, soldat au 65ᵉ de ligne, mort le 26 décembre 1870, à Sarrelouis.

JEAN LACOSTE, 25 ans, garde au 71ᵉ mobiles, mort le 11 décembre 1871 au Mans.

COMMUNE DE LAPORCHERIE

LÉONARD BOUYER, 23 ans, soldat au 6ᵉ de ligne, mort à Metz.

LÉONARD DEVAUD, 22 ans, soldat au 36ᵉ de ligne, mort à Montretout.

LÉONARD FARDET, 23 ans, garde au 71ᵉ mobiles, mort le 6 janvier 1871, à Vichy.

Léonard FOUCAUD, 23 ans, garde au 71e mobiles, mort à Limoges.

Pierre GAVINET, 20 ans, garde au 71e mobiles, mort à Orléans.

Jean PENAUD, 38 ans, soldat au 4e de ligne, mort à Sedan.

Gabriel ROUX, 39 ans, garde au 71e mobiles, mort à Orléans.

Léonard TEXIER, soldat au 92e de ligne.

COMMUNE DE LAVIGNAC

Pierre THOMAS, 22 ans, mort le 25 septembre 1870, à Augsbourg.

COMMUNE DE MAGNAC-BOURG

Elie ALARD, 26 ans, soldat au corps de l'Est, mort en janvier 1871.

Léonard COSTE, 30 ans, soldat à l'armée de la Loire.

François COUDERT, 22 ans, soldat à l'armée de la Loire.

Jean LEBON, 28 ans, cavalier au 3e escadron du train, mort le 20 février 1871, à Pontarlier.

COMMUNE DE MEILHAC

Laurent LACOSTE, 22 ans, soldat au 30e de marche, mort le 2 février 1871, à Besançon.

COMMUNE DE MEUZAC

Jean BOUSSELY, 23 ans, garde au 71e mobiles, mort le 30 janvier 1871, au Mans.

Paul BOUSSELY, 22 ans, soldat au 7e de ligne, mort en février 1871.

Léonard DUCHEZ, 25 ans, garde au 71e mobiles, mort le 14 février 1871, à Limoges.

Paul GRAPPEFEUILLE, 22 ans, soldat au 14e de ligne, mort le 23 janvier 1871, à Angers.

Léonard MAURY, 23 ans, soldat au 16e de ligne, mort le 30 mai 1871, à Marseille.

Jean PAULIA, 22 ans, soldat au 114e de ligne, mort le 27 janvier 1871, à Paris.

François RAYNAUD, 24 ans, garde au 71e mobiles, mort le 3 février 1871, à Limoges.

COMMUNE DE LA MEYZE

Pierre AUPETIT, 22 ans, soldat au 14e bataillon de chasseurs, mort le 28 septembre 1870, à Auxonne.

BATAILLE.

BONNAUD.

Pierre BOURLIOUX, 22 ans, garde au 71ᵉ mobiles, mort le 10 janvier 1871, à Laval.

LACOUR.

Etienne SEMBLAT, garde au 71ᵉ mobiles, mort 10 janvier 1871, à Limoges.

THOURAUD.

COMMUNE DE NEXON

Pierre DEBORD, 33 ans, garde au 71ᵉ mobiles, mort le 15 février 1871, à Châteauroux.

François FÉNÉROL, 23 ans, soldat au 68ᵉ de ligne, mort le 24 septembre 1870, à Beaumont.

Pierre LONGEQUEUE, 25 ans, soldat au 68ᵉ de ligne, mort le 10 février 1871, à Mayence.

François LANTERNAT, 23 ans, soldat au 52ᵉ de ligne, mort le 6 mars 1871, à Magdebourg.

Léonard PERRIER, 27 ans, caporal au 65ᵉ de ligne, mort le 18 février 1871, à Munich.

COMMUNE DE SAINT-NICOLAS

François RICHARD, 22 ans, garde mobilisé, mort le 21 janvier 1871, à Argenton.

COMMUNE DE PAGEAS

Georges CANY, 20 ans, garde au 71ᵉ mobiles, mort le 8 février 1871, à Cerelles.

Martial COMBEAU, garde mobilisé, mort le 9 mars 1871, à Limoges.

Jean DESTERMES, 30 ans, soldat au 52ᵉ de ligne, mort le 5 mai 1871, à Paris.

François LAFAYE, 28 ans, canonnier au 16ᵉ d'artillerie, mort le 24 septembre 1870, à Strasbourg.

COMMUNE DE LA ROCHE-L'ABEILLE

Martial BOYER, 24 ans, soldat au 53ᵉ de ligne, mort le 6 janvier 1871, à Orléans.

Jean GIBEAUD, 28 ans.

Jacques GIBEAUD, 21 ans, soldat à l'armée de la Loire.

François JARRY, 21 ans, soldat au 14e de ligne.

Léonard MAZABRAUD, 28 ans, mort en Allemagne.

COMMUNE DE RILHAC-LASTOURS

Pierre FAVARD, 24 ans, soldat au 47e de ligne, mort le 29 août 1870, à Beaumont.

Pierre VOISIN, 21 ans.

COMMUNE DE VICQ

Jean CHATARD, 24 ans, soldat au 53e de ligne, mort le 25 janvier 1871 à Besançon.

Jean DÉZEIRAUD, 23 ans, garde au 71e mobiles, mort le 26 janvier 1871 à Pontvallain.

Michel LEJEUNE, 23 ans, soldat au 92e de ligne, mort le 22 février 1871, à Limoges.

Léonard MANAUD, 23 ans, soldat au 92e de ligne, mort le 17 février 1871, à Marseille.

Pierre NICOLAS, 25 ans, garde mobilisé, mort le 20 février 1871, à Limoges.

Léonard NICOT, garde mobilisé, mort le 17 février 1871, à Limoges.

Guillaume REYNIER, 23 ans, garde au 71e mobiles, mort le 2 décembre 1870, à Terminiers.

Jean THETIS, 23 ans, soldat au 82e de ligne, mort le 22 décembre 1870 à Nantes.

Léonard TRICARD, garde mobilisé, mort le 14 février 1871, à Limoges.

Blaise SAGE, 21 ans, soldat au 83e de ligne, mort le 5 janvier 1871, à Clermont-Ferrand.

COMMUNE DE SAINT-PRIEST-LIGOURE

Louis MONTAZEAU, 33 ans, sous-lieutenant aux tirailleurs algériens, mort le 6 août 1870, à Vœrth.

COMMUNE DE SAINT-VITTE

Gilles CHIARDET, 23 ans, soldat au 92e de ligne, mort le 2 février 1871 à Marseille.

Antoine TEXIER, 22 ans, garde au 71e mobiles, mort le 2 décembre 1870, à Patay.

COMMUNE DE SAINT-YRIEIX

Henri BOSVICOMTE, mort à Metz.

Simon BOUCHOLE, 22 ans, soldat au 87e de ligne, mort le 26 août 1870 à Strasbourg.

Baptiste MANSOUX, soldat au 15e de ligne, mort à Saint-Privat.

Jean MATHIEU, 26 ans, soldat au 55e de ligne, mort le 10 octobre 1870, à Valenciennes.

Jean MOUSSOU, 22 ans, soldat au 92e de ligne, mort le 17 janvier 1871, à Besançon.

François PAROT, garde au 71e mobiles, mort le 16 janvier 1871, à Limoges.

Louis ROUFFY, mort à Orléans.

Pierre REDON, garde mobilisé, mort le 2 mars 1871, à Limoges.

Quelques-uns des nôtres

Sans avoir la prétention de compléter l'attachant travail de M. le comte de Couronnel, il me sera permis de consacrer quelques lignes à plusieurs de nos excellents et braves camarades du 71e mobiles, morts hélas ! bien prématurément et dont le souvenir est encore très vivant dans nos cœurs. Nous leurs compagnons d'armes, nous avons été témoins de leur abnégation à accepter toutes les privations, de leur entrain à supporter toutes les fatigues, de leur généreux patriotisme..... Au jour du sacrifice, nous avons vu leur courage, lorsqu'ils ont été frappés ; nous sommes encore émus de leur résignation devant la mort, nous les avons entendus prononcer sans jactance, simplement, en vrais soldats, les dernières paroles d'adieu à la patrie malheureuse, envoyer un dernier souvenir aux parents dont les regrets seront éternels.

Alphonse BARDINET, grande intelligence, avocat plein d'avenir, le fils de l'homme de bien dont le souvenir est encore béni parmi nous, Alphonse Bardinet s'engagea au 71e mobiles. Bon, aimable avec tous ses camarades ; dévoué, paternel, dirai-je volontiers, avec ses subordonnés, il envisagea toujours avec le plus grand courage l'éventualité de la mort ; il était gai comme tous les bons, mais il avait le pressentiment que la campagne lui serait fatale ; dans cet état d'esprit il puisait une force, il s'était pour ainsi dire habitué à la résignation devant la mort. Frappé d'abord au bras, on l'éloigna du champ de bataille, il y revint pour mourir, son devoir d'officier, pensait-il, était d'aller jusqu'au bout dans la voie du sacrifice ; il vit venir le martyr d'un cœur vaillant.

LANGLE, très instruit, d'une haute intelligence, voyait s'ouvrir devant lui le plus bel avenir ; bien jeune, il était le secrétaire préféré de Jules Ferry ; d'un tempérament frêle, il eut pu n'être pas soldat, entrer dans l'intendance, que sais-je, il ne crut pas que le talent le dispensait de se battre, la patrie avait besoin de soldats, il ne songea pas à la servir autrement qu'en allant au feu — à la mort.

Sa mort a inspiré au poète Jules Barbier des strophes au sujet desquelles on nous communique la note suivante.

Voici les vers de Barbier :

> Conterai-je un détail vulgaire... Le canon,
> Mitraillait nos soldats. Calme, on le vit sourire,
> Offrir à son voisin un cigare, et lui dire,
> En allumant le sien... L'achèverai-je ?... Non !

. . . .

« L'épisode est exact, et le voisin existe encore ; c'est le sergent Rebeyrol, ancien maire de Magnac-Laval et notaire dans cette ville. Il eut la chance d'échapper à l'obus qui tua en même temps que le sergent Langle, sept autres mobiles groupés autour d'eux, au nombre desquels étaient les jeunes Baignol, de Beaune-Beaury et Laporte. Nous ne nous rappelons pas sans émotion avoir vu, peu après la bataille leurs familles venir s'informer auprès de nous de leur sort, avec une si tendre et si inquiète sollicitude ».

BAIGNOL, BEAUNE-BEAURY, LAPORTE... Ils étaient parmi les plus sympathiques des nôtres; leurs amis se souviennent encore du charme que leur donnaient, la jeunesse, l'intelli- gence, la bonté ; pauvres vaillants enfants !

Le capitaine DESHAYE, tué à Chambord, au moment où il cherchait à rassembler sa compagnie, était peu connu dans le département de la Haute-Vienne, dont il n'était pas originaire.

Ancien officier de l'armée active, il avait tenu à reprendre du service au moment où la patrie était en danger, et il était entré dans le bataillon du commandant Duval, auquel il était uni par des rapports de famille.

C'était un bon et brave camarade, dont le souvenir mérite d'être rappelé avec honneur.

Si le capitaine CHATRAS n'a pas péri sur le champ de bataille, il n'en doit pas moins être mis au nombre des Enfants de la Haute-Vienne morts pour la Patrie en 1870-71.

Après avoir pris part à tous les combats où avaient figuré nos mobiles, il revenait mourir à Limoges, âgé de 23 ans, le 20 avril 1871, des suites des fatigues et des émotions qu'il avait éprouvées, n'ayant jamais voulu nous quitter pour prendre le repos qui lui était si nécessaire.

Gustave Chatras fut à la fois un bon camarade et un brave soldat. Tous ceux qui l'ont connu joindront certainement leur témoignage à celui rendu sur sa tombe par le colonel Pinelli :

« Intrépide au feu, sans jactance ni prétention, il était un
» des officiers les plus capables et les plus vigoureux du
» régiment ».

Chatras s'était distingué pendant la retraite d'Orléans, grâce à son initiative hardie, plusieurs pièces d'artillerie furent dégagées ; par son courage il sut entrainer ses hommes exténués de fatigue, de privations.

Léon DESGRANGES, le lieutenant de Bardinet, tomba avec lui à Terminiers ; ses hommes l'aimaient parce qu'ils lui voyaient supporter leurs privations, volontairement parfois ; aucune fatigue ne lassait sa patience, n'arrivait à lui enlever sa gaité : il dut sourire à la mort.

DUPUY DE SAINT-FLORENT était un des plus jeunes d'entre nous, il fut l'un des plus vaillants ; blessé à la jambe, il refusa d'abandonner ses armes ; vaincu par la fièvre, il tomba accablé sous leur poids ; des cavaliers prussiens le frappèrent à plusieurs reprises. Il mourut à Lumeau des suites de ses blessures.

Et les autres, TEILLET, de Saint-Junien, engagé volontaire aux mobiles, frappé à Terminiers du même obus qui frappa son camarade MAZAURIE, de Saint-Junien. — Mazaurie avait appelé Teillet pour faire le coup de feu près de lui.

Et les autres, COLIN, de Saint-Yrieix, LEGRAND... puis l'héroïque troupeau des inconnus... ceux qui les ont vu ont dit qu'ils firent crânement leur devoir.

Parmi ces morts fauchés avant l'âge, il en est qui ont laissé une place vide dans la société, ces jeunes gens instruits, intelligents auraient fait des hommes, quelques-uns des hommes remarquables ; Bardinet eût honoré notre

barreau ; Langle promettait un publiciste de mérite ;
Beaune-Beaury, nature d'artiste, eût marqué sa place dans
l'industrie de la porcelaine artistique ; Chatras, Dupuy de
Saint-Florent, etc., eussent parcouru avec honneur les car-
rières qu'ils avaient choisi. Terribles conséquences de la
guerre, ils n'ont servi qu'en mourant pour, elle la patrie à
laquelle ils manquent encore (1).

UN MOBILE DU 71°.

(1) Plusieurs mois après la guerre, le colonel Pinelli, dans son rapport
officiel, évaluait les pertes du 71ᵉ mobiles à 700 hommes, tués, blessés, etc.

A LA FRANCE

ODE

I

Vingt-cinq ans ont passé sur ton immense deuil,
Pendant lesquels, craignant de raviver tes larmes,
Nous te laissions assise auprès du grand cercueil
Où nous avions couché tes fils morts sous les armes.

En te voyant pleurer de tristesse et d'effroi
Sur le sol, devenu leur funèbre demeure,
Nous restions à l'écart, n'osant aller vers toi
Comme on n'ose troubler une mère qui pleure...

Mais le temps a passé sur ton âpre douleur,
Calmant ton cœur meurtri sans guérir ta blessure ;
Que pourrait désormais te rendre le bonheur,
Si ce n'est aujourd'hui d'entendre le murmure
Des frères, proclamant leurs ainés bienheureux ;
Bienheureux de verser leur sang pour ta défense ;
De mourir le front calme et le cœur généreux,
Donnant à Dieu leur âme à toi leur corps, ô France !

II

Ils étaient tous là-bas, rassemblés près de toi :
Tes fils de la montagne et tes fils de la plaine ;
Ils étaient tous venus dans une même foi :
D'espoir et de courage ils avaient l'âme pleine.
Ils avaient tout quitté : la ferme florissante,
Le somptueux manoir bâti par les aïeux
Et l'épouse d'hier douce et compatissante,
La mère faible et seule et les enfants joyeux.
Ils te savaient première entre tous les pays
Par l'antique dessin de tes larges contours ;
Première par ta force et par tes fiers mépris
Et par ta grandeur d'âme et tes saintes amours.

Et tous avaient juré, dans un élan sublime,
De mourir à tes pieds plutôt que de souffrir
Que l'empire étranger osât porter le crime
Jusqu'à te frapper, toi que rien ne peut flétrir !

III

C'était par la nuit froide et sombre de la guerre :
Rien ne brillait au ciel du pays oppressé ;
Les étoiles du soir détournaient de la terre
Leur œil compatissant de carnage lassé.

Les soldats de la France étaient près de leur mère ;
Depuis longtemps pour elle ils avaient combattu,
Vu tomber auprès d'eux, le front dans la poussière,
Plus d'un fier bataillon par l'obus abattu.

Ils avaient accompli des prodiges sans nombre
Dans la lutte inégale où devaient succomber
Tant de héros obscurs dont le nom est sous l'ombre
Du tombeau sur lequel nous venons nous courber.

Mais ceux qui sont tombés sur le champ de bataille,
Nous pouvions les pleurer... nous ne les plaignions pas ;
Pour rencontrer la mort ils étaient tous de taille,
Leur cœur avait grandi sous le feu des combats.

Ils sont morts en héros, en chrétiens, tous ensemble ;
Morts avant d'avoir vu la défaite des leurs
Et le partage honteux de la France. Il me semble
Que Dieu voulut ainsi leur épargner des pleurs.

Ils auraient trop souffert de voir ce que nous vîmes :
La patrie en danger poussant de longs soupirs.
Plus que nous ils l'aimaient. Et sur les hautes cimes,
La France les a pris pour être ses martyrs !

IV

France, ô ma patrie, ô pays de mes pères,
Lève tes étendards, lève-toi, fier blason,
Lève tes yeux lassés par les veilles amères
                Et regarde vers l'horizon...

Vois déjà se lever l'aurore d'espérance
Sur les bords obscurcis du ciel de l'avenir.
Lève-toi, lève-toi, noble et vaillante France,
    Toi qui sais toujours rajeunir !

Je te vois resplendir dans la large auréole
Que la gloire a formée à l'entour de ton front.
Je vois le monde entier frémir à ta parole,
L'écho de chaque mer à ton appel répond.

Je te vois telle enfin que tes fils t'ont rêvée,
Telle qu'ils t'ont reprise au bras des ennemis,
Grande comme autrefois. De la tige élevée
Régnant sur le passé des siècles endormis.

Oui, je te vois surgir ainsi qu'une lumière
Parmi les nations sous ton nimbe de feu.
France, ton front vainqueur, dans sa splendeur altière,
    Ne se courbe que devant Dieu.

A UN PASSANT

Dans la plaine de Terminiers

~~~~~~~

La terre est fraîche encore où l'on creusa leur tombe,
Le laboureur respecte, en cultivant son champ,
Ces sillons où, parfois, quand l'ombre du soir tombe,
    Il croit voir des taches de sang.

Et le pâtre, inquiet, qui traverse les plaines
A cette heure douteuse où le froid fait rêver
Ici, se hâtent et fuient comme si par centaines
    Des ombres allaient se lever.

Mais, hélas ! chaque jour notre oubli les rassure.
L'un guidant sa charrue et l'autre son troupeau
Bientôt ils fouleront sans peur la sépulture,
    Ils sémeront sur le tombeau.

Puis leurs enfants viendront, troupe folle et rieuse,
Fouiller quelques débris, tristes amas méprisés,
Pour se faire un jouet dans sa gaîne rouilleuse
    D'un tronçon de glaive brisé.

Pourtant le sol inerte a mieux gardé l'empreinte
Que bien des cœurs ingrats, que bien des cœurs sans foi.
L'herbe y croît lentement, rare et comme avec crainte.
    O toi qui passe, souviens-toi !...

C'était le 2 décembre ! après la nuit cruelle,
Le soleil éclatait sur ces champs dévastés ;
Nous y venions tenter la victoire infidèle ;
    La mort marchait à nos côtés.

Le sort fut incertain quelque temps. Ah ! la France,
Sous le plomb meurtrier, voyant fermes ses fils
Dans l'horreur du combat, retrouvant l'espérance,
    Dut leur crier : Je vous bénis !

Mais quand revint le soir, écrasés par le nombre,
Ces mobiles, soldats de la veille, expirant
Sous le pas ennemi, sanglants, broyés dans l'ombre,
    Crispaient en vain leur poing tremblant.

Eh ! qu'importe ! vainqueurs ou vaincus, leur mémoire
Doit nous être sacrée, enfants au noble cœur,
La défaite n'a rien qui ternisse leur gloire ;
    Leur mort d'au moins sauva l'honneur.

Souviens-t'en, puisque rien n'appelle ta prière,
Dans la funèbre plaine où tout leur sang coula ;
Rien, pas même une croix, pas même une humble pierre
    Qui te dise : Ils sont là !

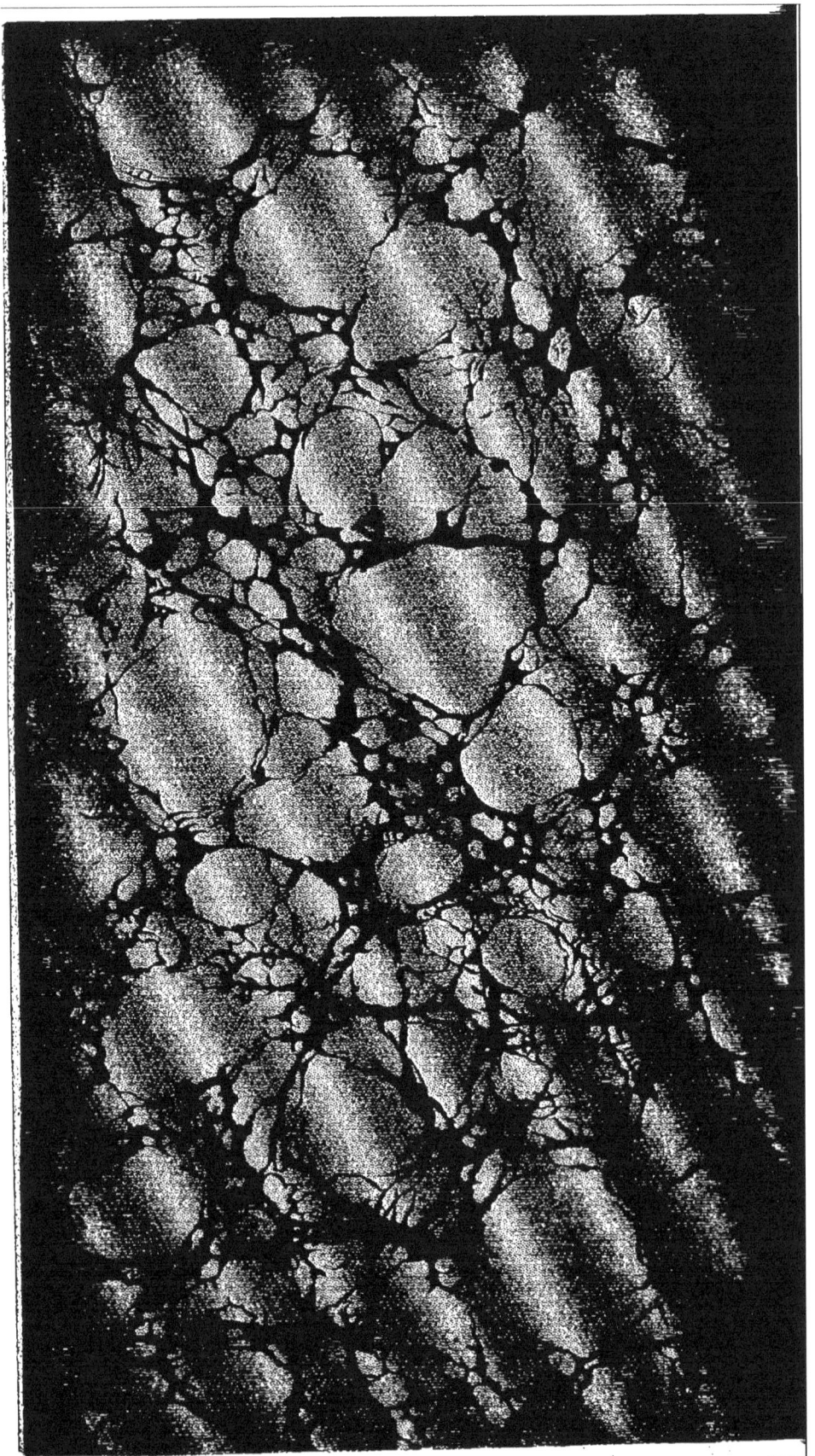

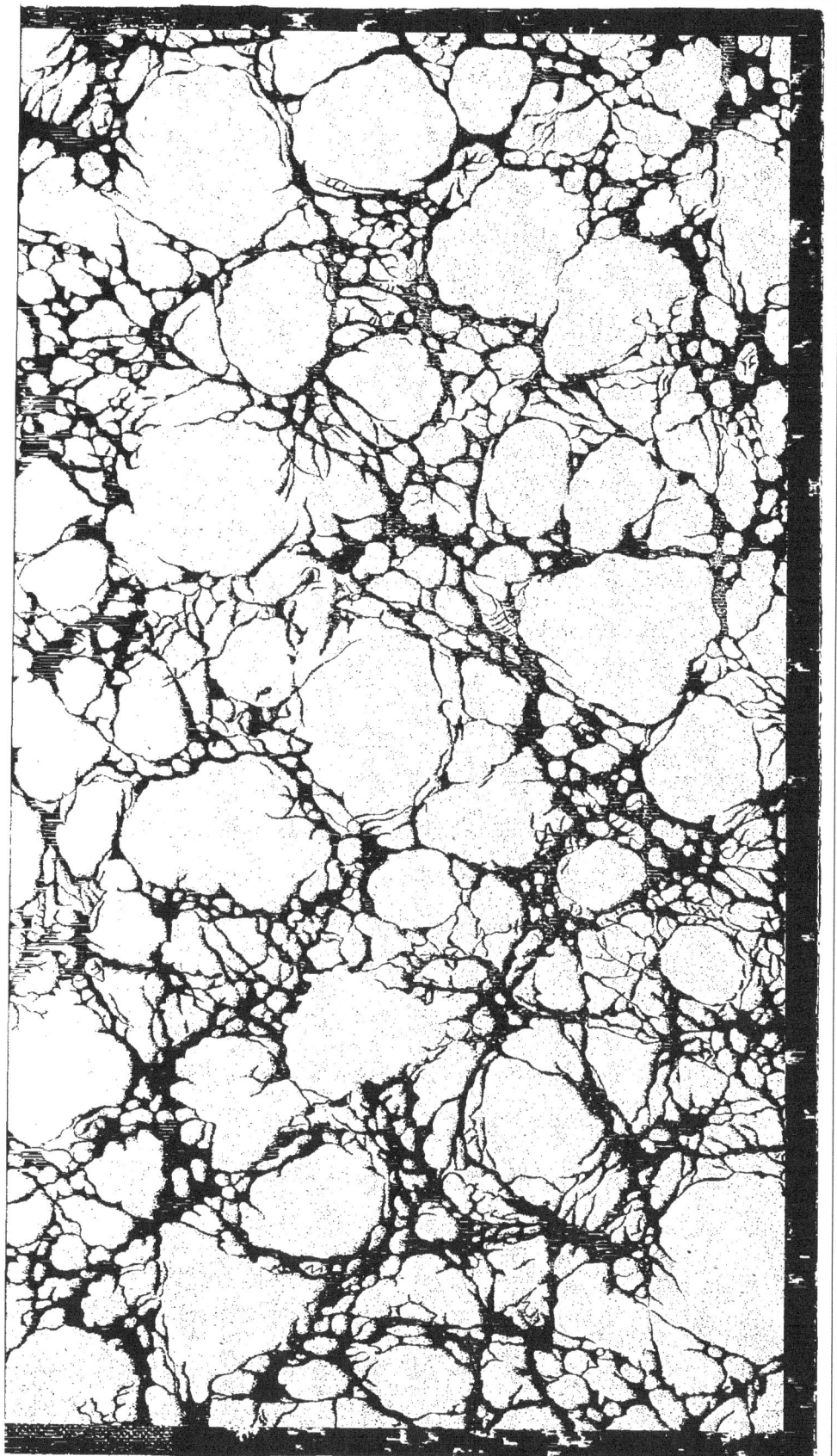

www.ingramcontent.com/pod-product-compliance
Lightning Source LLC
Chambersburg PA
CBHW072220270326
41930CB00010B/1934